Jefim Minskin

Spiele im Hort

3. Auflage

Volk und Wissen
Volkseigener Verlag Berlin
1986

Ефим Маркович Минскин
Игры и развлечения в группе продлённого дня
Издательство «Просвещение», Москва 1980

Übersetzung: Barbara Heitkam
Die Übersetzung ist leicht gekürzt.

ISBN 3-06-28 25 69-3

© Verlag »Prosweschtschenije«, Moskau 1980
© für die deutsche Ausgabe Volk und Wissen
Volkseigener Verlag, Berlin 1982
Lizenz Nr. 203 · 1000/86 (UN 28 25 69-3)
LSV 0649
Redaktion: Elvira Stenzel
Einband: László Szirmai
Illustrationen: Harri Förster
Zeichnungen: Heinrich Linkwitz
Typographische Gestaltung: Atelier vwv, Frank Schneider
Printed in the German Democratic Republic
Gesamtherstellung: Grafischer Großbetrieb Völkerfreundschaft Dresden
Schrift: 10/10/11p Garamond, Linotron
Redaktionsschluß: 22. Januar 1986
Bestell-Nr.: 707 677 4
00560

Inhaltsverzeichnis

5

Das Spiel - ein wichtiges Erziehungsmittel

Die Erziehung im Hort ist eine wichtige Form der gesellschaftlichen Erziehung der Kinder. Aufgabe der Horterzieher ist es, dafür zu sorgen, daß die Zeit, in der sich die Kinder im Hort aufhalten, sinnvoll und abwechslungsreich gestaltet wird. In erheblichem Maße hängt das von der Persönlichkeit des Erziehers, von seiner Fähigkeit ab, bei den Kindern Interessen zu wecken, ihren Tatendrang zu lenken und jedem die Möglichkeit zu geben, seine Fähigkeiten unter Beweis zu stellen. Eine große Hilfe kann dabei das Spiel, der ständige Begleiter der Kindheit, sein. Jeder Erzieher muß deshalb viele Spiele kennen; er muß sie entsprechend dem Alter der Kinder auswählen können, will er bestimmte pädagogische Ziele erreichen.

Das hier vorgelegte Handbuch enthält verschiedene Spiele für Kinder des jüngeren Schulalters: Bewegungsspiele für den Aufenthalt im Freien oder im Raum, musikalische Spiele, Rätsel, Schnellsprechverse, Scherze, Geschicklichkeitsspiele und viele andere.

*

Die erzieherische Bedeutung des Spiels, sein Einfluß auf die Entwicklung des Kindes kann gar nicht hoch genug eingeschätzt werden. Geschickt angewendet, kann es Wunder bewirken: Es kann den Trägen aktivieren, kann Wissen vermitteln und Fähigkeiten entwickeln. Beim Spiel entdecken die Kinder in Gewöhnlichem oder gar Langweiligem plötzlich Neues und Interessantes.

Im Spiel festigt sich das Kinderkollektiv. Selbst verschlossene und schüchterne Kinder können leicht in die aktive Tätigkeit einbezogen werden. Im Spiel wird zu bewußter Disziplin erzogen, werden die Kinder an Gerechtigkeit gewöhnt und befähigt, die eigenen Handlungen zu kontrollieren und die anderer objektiv zu beurteilen.

Das Spiel ist für die Kinder ein wichtiges Mittel der Selbstverwirklichung, eine Kraftprobe. Dem Erzieher offenbaren sich im Spiel die Charaktere und Gewohnheiten der ihm anvertrauten Kinder, ihre organisatorischen Fähigkeiten und Kräfte; im Spiel findet er die günstigsten Wege der Einflußnahme auf jedes Kind.

Es gibt unterschiedliche Spiele: Bewegungsspiele, Rollenspiele, Nachahmungsspiele, musikalische Spiele, didaktische Spiele, Erkenntnisspiele und viele andere. Sie alle sind für die Erziehung der Kinder nützlich, auf alle sollte der Erzieher bei seiner Arbeit zurückgreifen. Von besonderer Bedeutung sind jedoch die Bewegungsspiele. Untersuchungen haben ergeben, daß Schulkinder 85 Prozent der Zeit, in der sie wach sind, sitzend verbringen. Das wirkt sich ungünstig auf ihren gesamten Organismus aus. Deshalb sind die Bewegungsspiele so wichtig für die gesunde Entwicklung der Kinder.

Viele Spiele werden seit Jahrhunderten von einer Generation zur anderen weitergegeben. Selbstverständlich werden sie mit der Zeit inhaltlich verändert, bereichert und vervollkommnet, es wird eine Vielzahl erschwerter Varianten geschaffen; doch ihre motorische Grundlage bleibt unverändert. Der wichtigste Vorzug der Bewegungsspiele besteht darin, daß sie in ihrer Gesamtheit alle Arten der für den Menschen charakteristischen Bewegungen enthalten: Gehen, Laufen, Springen, Ringen, Klettern, Werfen und Fangen sowie Übungen mit Gegenständen. Sie sind daher ein universelles und unersetzbares Mittel der physischen Entwicklung der Kinder.

Nicht allein der Reichtum und die Mannigfaltigkeit der Bewegungen sind charakteristisch für die Bewegungsspiele,

14

sondern auch die Tatsache, daß sie sich in verschiedenartigen Situationen einsetzen lassen. Gerade in diesen Spielen können sich Initiative und Schöpfertum der Kinder entfalten. Bewegungsspiele haben einen ausgeprägt emotionalen Charakter. Beim Spielen erlebt das Kind die Freude an der Anspannung seiner physischen und geistigen Kräfte.

Horterzieher verfügen über vielfältige Möglichkeiten, mit den Kindern zu spielen, neue Spiele einzuführen und in allmählich anspruchsvoller werdenden Varianten zu erproben. Dazu sind im Hort auch die erforderlichen materiellen Bedingungen vorhanden. Das Spiel muß organischer Bestandteil des Lebens jedes Kinderkollektivs sein, es muß geschickt mit anderen Tätigkeitsarten verknüpft werden. Sind die Kinder vom Unterricht ermüdet und brauchen sie Entspannung, waren sie ausgelassen und müssen sie beruhigt werden, gilt es, das Interesse der Kinder für eine schwierige Aufgabe, einen langwierigen Arbeitsprozeß zu wecken, in all diesen Fällen kann das Spiel ein unentbehrlicher Helfer des Erziehers sein.

Bei den Dienstbesprechungen der Horterzieher sollte dem Spiel stets große Aufmerksamkeit geschenkt werden. An Teilnehmer eines Weiterbildungsseminars könnten zum Beispiel verschiedene Themen verteilt werden: »stille« Spiele, Bewegungsspiele (Gruppen- und Mannschaftsspiele, Spiele mit dem Ball, mit dem Springseil), Silbenrätsel, Bilderrätsel, Scherze usw. Jeder Erzieher muß dann das von ihm gewählte Thema sorgfältig analysieren, das notwendige praktische Material dafür zusammentragen und es seinen Kollegen unterbreiten. Zur Teilnahme an solchen Seminaren sollte man unbedingt die Sport- und Musiklehrer hinzuziehen. Es können auch spezielle Spielkurse ins Leben gerufen werden.

Kinder sind bekanntlich die besten Partner beim Spielen. Deshalb sollten die Erzieher ältere Schüler gewinnen, die an bestimmten Tagen an den Spielen im Hort teilnehmen. Es empfiehlt sich, an der Schule für Schüler der 5. bis 7. Klassen eine Arbeitsgemeinschaft der »Organisatoren der fröhlichen Freizeit« zu bilden, die von einem älteren Schüler geleitet wird. Diese Organisatoren helfen den Erziehern, Wettspiele, Tänze oder Spielfeste durchzuführen.

Wie wählt man ein Spiel aus?

Bei der Auswahl eines Spiels sind das Alter der Spieler, der Raum für die Spiele, die jahreszeitlichen Besonderheiten und Witterungsbedingungen, die Anzahl der Spieler, das notwendige Spielmaterial und der Zeitpunkt für die Spiele zu berücksichtigen.

1. *Das Alter der Spieler.* Alle in diesem Buch enthaltenen Spiele sind Schülern der Unterstufe zugänglich, doch sollte man ganz allmählich von einfachen zu komplizierteren Spielen übergehen. Die einfachsten Spiele, die auch Schüler der ersten Klasse verstehen, sind in den Abschnitten »Gruppenspiele«, »Nachahmungsspiele«, »Spiele mit Musik, Gesang und Tanz« zu finden. Mit ihnen sollte man beginnen. Nach und nach kann man jedoch auch Mannschaftsspiele, Staffelwettbewerbe und Wettkämpfe zwischen zwei Spielern einführen.

Es ist nicht möglich, bei jedem Spiel festzulegen, für welche Altersstufe es geeignet ist. Langjährige Erfahrungen haben gezeigt, daß es Spiele gibt, die sich keinem bestimmten Alter zuordnen lassen. Solche Spiele, wie »Fußangel«, »Einer ist zuviel«, »Eichhörnchen, Nüsse und Tannenzapfen«, kann man ebensogut mit jüngeren wie mit älteren Schülern oder sogar mit Erwachsenen spielen. So klatschen kleinere Kinder bei Spielen mit Vergnügen in die Hände oder trampeln mit den Füßen, doch tun das auch noch Schüler der 7. und 8. Klassen gern. Natürlich trifft das nicht für alle Spiele zu. Welches ältere Schulkind möchte im Spiel wohl eine Biene oder ein Häschen darstellen oder Tierstimmen nachahmen. Schüler der 1. Klasse aber haben ihre helle Freude daran.

2. *Der Raum für die Spiele.* Bei der Auswahl der Spiele ist stets die Größe des Raumes zu berücksichtigen. Werden die Spiele in einem großen Saal durchgeführt, gibt es keinerlei Beschränkungen hinsichtlich der Auswahl der Bewegungsspiele. Man kann Kreis- und Linienspiele, Lauf-, Spring- und Ballspiele sowie den größten Teil der Staffelwettbewerbe durchführen. Diese Spiele können zwei oder drei Hortgruppen gemeinsam spielen; die einzelnen Gruppen können einen Wettkampf gegeneinander austragen.

In einem kleinen Raum sind die Spielmöglichkeiten dagegen begrenzt. Ist die Spielerzahl groß, sollte man nur bewegungsarme bzw. »stille« Spiele, Spiele, die die Aufmerksamkeit schulen oder die Beobachtungsgabe trainieren, auswählen. Bewegungsspiele können nur dann in einem kleinen Raum gespielt werden, wenn die Anzahl der Spieler sehr klein ist und wenn alle übrigen Kinder Zuschauer und Anhänger der Spieler sind. In diesem Fall muß man die Spieler möglichst oft auswechseln.

Der Raum, in dem gespielt wird, ist vorher zu lüften und gründlich zu säubern.

3. *Die jahreszeitlichen Besonderheiten und Witterungsbedingungen.* Von der Jahreszeit und vom Wetter hängt es ab, ob man im Freien spielt. Einige Spiele werden für die Frühjahrs- und Sommerperiode, andere für die Herbst- bzw. Winterperiode geplant. Bei schönem, warmem Wetter kann man auf dem Hof, auf dem Spielplatz, in den Grünanlagen und am Waldrand all jene Spiele durchführen, die nur im Freien möglich sind (Schlagball, Geländespiele), aber auch jene, die bei schlechtem Wetter im Raum gespielt werden. Bei kühlem Wetter empfehlen sich Lauf- und Springspiele. Sie erwärmen die Kinder und machen ihren Aufenthalt im Freien angenehm. Bei Regenwetter sollte man draußen nur unter einem Schutzdach spielen.

Im Winter, wenn Schnee gefallen ist und die Spritzeisbahnen gefroren sind, kann man die verschiedenartigsten Spiele im Schnee, auf Schlittschuhen, auf Skiern und mit dem Rodelschlitten organisieren. Der Vorzug ist dabei solchen Spielen zu geben, an denen alle Kinder gleichzeitig teilnehmen können, damit keiner friert. Auch muß streng darauf geachtet werden, daß die vom Spiel erhitzten Kinder kein kaltes Wasser trinken, nicht heimlich Schnee essen oder Eiszapfen lutschen. Temperaturen bis zu $-10\,^{\circ}\mathrm{C}$ bei Windstille sind das günstigste Wetter für Spiele im Freien. Bei weniger als $-12\,^{\circ}\mathrm{C}$ und namentlich bei starkem Wind sollten keine Spiele im Freien durchgeführt werden.

4. *Die Anzahl der Spieler.* Nicht immer sind Spiele mit der ganzen Gruppe möglich. Oft kommt es vor, daß ein Teil der

Kinder eine Arbeit verrichtet oder die Hausaufgaben anfertigt, der andere Teil aber bereits fertig ist und beschäftigt werden muß. In diesen Fällen empfehlen sich Tischspiele, Spiele mit dem Metallbaukasten, mit Baumaterialien usw., aber auch lustige Spiele, bei denen es mitunter etwas geräuschvoller zugeht, sofern sie nicht in dem Raum durchgeführt werden, in dem die übrigen Kinder arbeiten.

5. *Das Spielmaterial.* Für viele Spiele werden bestimmte Gegenstände benötigt: Bälle, Keulen, Kegel, Reifen, Springseile, Staffelstäbe, Sandsäckchen, Fähnchen, Schnüre unterschiedlicher Länge und Stärke, Kreide usw. Bei der Aufstellung von Spielprogrammen sollte der Erzieher unbedingt berücksichtigen, welches Material dafür gebraucht wird, und alles Erforderliche vorher vorbereiten.

6. *Der Zeitpunkt für die Spiele.* Die Auswahl eines Spiels hängt auch davon ab, womit sich die Kinder vor dem Spiel beschäftigt haben oder womit sie sich danach beschäftigen werden. Haben die Kinder lange gesessen und sich geistig angestrengt, brauchen sie Entspannung in Form von Lauf-, Spring-, Ball- oder anderen Bewegungsspielen. Nach körperlicher Arbeit (dem Aufräumen eines Raumes, der Arbeit im Schulgarten) sollten die Kinder ruhige, bewegungsarme Spiele, Spiele zur Überprüfung der Aufmerksamkeit und der Auffassungsgabe spielen. Steht den Kindern nach Bewegungsspielen erneut eine geistige Arbeit bevor (die Anfertigung von Hausaufgaben, ein Gespräch, das Lesen eines Buches), müssen sie sich vorher beruhigen. Dafür eignen sich Spiele mit Gesang und Tanz sowie das Figurenmarschieren.

Der Erzieher sollte die Lieblingsspiele der Kinder in seiner Gruppe und die Spiele kennen, die der Sportlehrer im Sportunterricht durchführt.

Wie erklärt man ein Spiel?

Wenn der Erzieher den Kindern ein Spiel erklärt, muß er so stehen, daß ihn alle Kinder sehen können und er alle Kinder sehen kann. Am günstigsten ist es, wenn er sich mit den

Kindern im Kreis aufstellt (jedoch nicht in der Mitte des Kreises, damit er keinem Kind den Rücken zuwendet). Die Erläuterung des Spiels muß kurz und knapp, aber verständlich sein. Wenn möglich, sollte die Erläuterung von einer Demonstration einzelner Spieletappen begleitet sein.

Sind in einem Spiel viele Regeln zu beachten, sollte man einige davon bewußt weglassen und erst während des Spiels mitteilen. Man darf das Spiel nicht sofort nach der Erläuterung beginnen, sondern sollte zuvor erst einmal üben, wobei die Ergebnisse noch nicht gewertet werden.

Die Wahl des Spielführers

Die richtige Wahl des Spielführers ist bei vielen Spielen von großer Bedeutung. Seine Aktivität und Findigkeit sind oft ausschlaggebend für den Spielverlauf. Besonders wichtig ist die Aufgabe des Spielführers, wenn die Kinder ohne Mitwirkung der Erwachsenen spielen. Der Spielleiter kann einen Spielführer ernennen, wenn im Spiel sehr viel von dieser Wahl abhängt. Am günstigsten aber ist es, wenn die Spielteilnehmer den Spielführer wählen. Ein gewählter Spielführer wird stets das Vertrauen seiner Kameraden rechtfertigen wollen. Es gibt jedoch viele Spiele, in denen jedes Kind Spielführer sein kann. In diesen Fällen ist das Abzählen nach einem Abzählreim die beste Methode. Das allein ist für die Kinder schon ein Spiel. Mitunter denken sich Kinder solche Abzählreime selbst aus, meist jedoch greifen sie auf bereits bekannte Reime zurück. Scherzhafte und lustige Abzählreime gefallen den Kindern am besten.

Beim Abzählen sollte man verschiedene Methoden anwenden: Manchmal wird mit einem Vers im Kreis der Spieler abgezählt, und der Spieler, auf den das letzte Wort entfällt, wird Spielführer. Manchmal aber muß der Spieler, auf den das letzte Wort entfällt, den Kreis verlassen, und es wird von vorn abgezählt. Das geschieht dann so lange, bis nur noch ein Spieler — der Spielführer — übrigbleibt. Bei diesem Vorgehen sollte allerdings die Zahl der Spieler klein sein.

Die Aufstellung und Umgruppierung der Spieler

Bei vielen Spielen müssen sich die Kinder in Linie zu einem Glied, in einem Kreis, in zwei Kreisen (einer im anderen oder in zwei gesonderten Kreisen), in Reihe oder in Doppelreihe aufstellen oder umgruppieren, das heißt von einer Aufstellung zu einer anderen übergehen. Der Spielleiter muß die Aufstellung durch kurze und verständliche Kommandos anleiten.

Aufstellung in Linie. Als Linie zu einem Glied bezeichnet man die Antreteordnung, bei der die Schüler mit einer Handbreite Zwischenraum nebeneinander an einer Linie stehen. Die Richtung der Linie gibt der Spielleiter an, indem er den rechten Arm zur Seite streckt. Die Kinder sollen sich schnell aufstellen, das heißt von links nebeneinander antreten und sich nach den Zehenspitzen des rechten Nachbarn oder entlang eines gezogenen Striches ausrichten.

Sollen sich die Kinder in Linie zu zwei Gliedern aufstellen, läßt sie der Spielleiter zu zweien abzählen: Der rechte Flügelmann wendet den Kopf nach links und sagt »eins«, der neben ihm Stehende »zwei«, der dritte wieder »eins« usw. bis zum linken Flügelmann. Dann wird das Kommando erteilt: »Die Spieler mit der Nummer 1 einen Schritt vor!« Sollen die Kinder hintereinander — also in Linie zu zwei Gliedern — stehen, wird ein zusätzliches Kommando erteilt: »Spieler mit der Nummer 1(2) einen Schritt nach links (nach rechts)!« Sollen die Spieler dagegen aus einer Linie zu zwei Gliedern in Linie zu einem Glied umgruppiert werden, muß entweder das erste Glied einen Schritt nach rechts (links) und anschließend einen Schritt zurück — oder das zweite Glied einen Schritt vorgehen.

In der 1. Klasse sollte der Spielleiter die Kinder selbst zu zweien abzählen: Er tippt jedem Kind auf den Rücken und sagt die Zahlen »eins« oder »zwei«.

Aufstellung im Kreis. Der Kreis (Innenstirnkreis) ist die den Kindern verständlichste Form der Aufstellung. Aus der Linie zu einem Glied einen Kreis zu bilden ist nicht schwer: Die Kinder fassen sich bei den Händen, und die Flügelmänner der

Linie gehen aufeinander zu und fassen sich an. Dann richten alle den Kreis aus und dehnen ihn bis auf doppelten Armabstand zur Seite aus.

Muß der Kreis erweitert oder verengt werden, treten die Kinder auf Anweisung des Spielleiters einen Schritt (zwei, drei) zurück oder vor.

Müssen zwei Kreise gebildet werden (einer im anderen), läßt der Spielleiter die Kinder in Linie zu zwei Gliedern antreten, wobei er darauf achten muß, daß im ersten Glied weniger Kinder als im zweiten stehen. Die Flügelmänner jedes Gliedes fassen sich bei den Händen und bilden auf diese Weise einen Innen- und einen Außenkreis.

Zwei gesonderte Kreise werden aus einem Kreis folgendermaßen gebildet: Die Kinder fassen einander bei den Händen, der Spielleiter durchbricht die Kette an zwei Stellen und bildet zwei Halbkreise; die Flügelmänner in jedem Halbkreis gehen aufeinander zu, fassen sich bei den Händen und bilden so zwei Kreise.

Sollen sich im Kreis stehende Kinder in Linie aufstellen, braucht man nur den Kreis an einer Stelle zu durchbrechen und die Kinder ausrichten lassen.

Aufstellung in Reihe. Als Reihe bezeichnet man eine Antreteordnung, bei der die Kinder hintereinander in gleichem Abstand zueinander (gewöhnlich im Abstand der vorgestreckten Arme) stehen. Den ersten in der Reihe nennt man Richtungsmann, den letzten Schlußmann.

Als Doppelreihe bezeichnet man die Antreteordnung, bei der zwei Reihen mit einer Handbreite Zwischenraum nebeneinander stehen.

Sollen sich die Kinder in Reihe aufstellen, hebt der Spielleiter den rechten Arm; der Richtungsmann muß sich hinter ihn stellen und alle übrigen Spieler der Größe nach hintereinander.

Sollen in Linie stehende Kinder eine Reihe bilden, müssen sie sich nach rechts (nach links) drehen.

Soll aus einer Reihe eine Doppelreihe formiert werden, stellt sich ein zweiter Schüler neben den Richtungsmann, und ein Teil der Kinder tritt hinter dem zweiten Richtungsmann an.

Bewegungsspiele und Spiele zum Zeitvertreib

SPIELE IM FREIEN
(IM FRÜHLING, SOMMER, HERBST)

Gruppenspiele (ohne Mannschaftseinteilung)

Figurenmarschieren

Das Figurenmarschieren läßt sich nicht nur in ein Spielprogramm einbauen, man kann mit ihm jede Beschäftigung mit den Kindern sowie Versammlungen oder Feste einleiten. Das Figurenmarschieren trägt dazu bei, die Kindergruppe zu organisieren, zusammenzuschließen und das Rhythmus- und Tempoempfinden der Kinder zu entwickeln. Es gefällt den Kindern wegen der Mannigfaltigkeit und Schönheit der einzelnen Bewegungsarten sowie wegen der Aufstellungen und Umgruppierungen beim Marschieren. Besonders gern führen sie es mit Musikbegleitung aus.
Wir wollen im folgenden einige der bekanntesten Figuren vorstellen.
Schnecke. Die Kinder treten in Linie zu einem Glied an und fassen sich bei den Händen. Sie schwenken nach rechts (oder links) und gehen hinter dem Spielleiter her; anfangs entsteht ein Kreis, dann eine Spirale — eine Schnecke. Der Abstand zwischen den einzelnen Spiralwindungen sollte mindestens

1 m betragen, damit zwischen ihnen ein Durchgang bleibt. Hat sich die Schnecke genügend gewunden, führt der Spielleiter die Kinder in entgegengesetzter Richtung zwischen den Windungen hindurch zurück, so daß sich die Spirale allmählich wieder aufbiegt (1).

Schlange. Der Spielleiter führt die Kinder über das Spielfeld; am Ende des Spielfeldes kehrt er mit den Kindern um und geht mit ihnen in die entgegengesetzte Richtung. Am anderen Ende des Spielfeldes kehrt er wiederum um, so daß auf diese Weise Schleife auf Schleife entsteht und sich die Gruppe Kinder wie eine Schlange windet (2).

Nadel und Faden. Die Kinder fassen einander bei den Händen und bilden eine Kette. Der Spielleiter führt die Kette um das Spielfeld herum, läßt die Kinder anhalten und fordert sie auf, die Hände, mit denen sie ihre Nachbarn angefaßt haben, hochzuheben und so eine lange Reihe von Toren zu bilden. Der in der Kette an erster Stelle stehende Spieler (der Richtungsmann) führt die Kette nun in entgegengesetzter Richtung hinter sich her, unter den erhobenen Armen der Kinder hin-

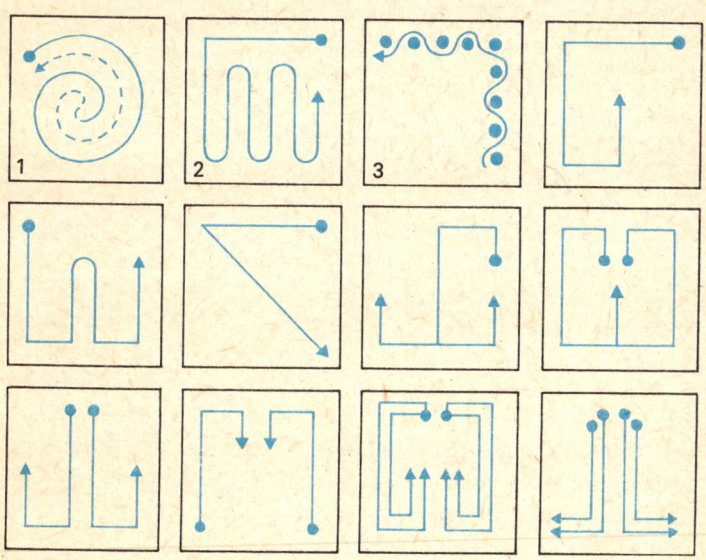

durch. Dabei umgeht er nacheinander den einen Spieler von rechts, den anderen von links. Der Richtungsmann stellt die Nadel dar, die hinter ihm gehenden Spieler sind der Faden (3).
Andere Figuren werden ebenfalls auf S. 23 gezeigt.

Fangen

Fangen ist eins der bekanntesten Spiele. Die Spieler laufen auf dem Spielfeld hin und her, und der Fänger (der Spielführer) versucht, sie zu fangen, d. h. sie abzuschlagen. Derjenige, der vom Fänger einen Schlag erhalten hat, wird nun selbst zum Fänger. Um das Spiel noch interessanter zu gestalten, können einige zusätzliche Regeln und Schwierigkeiten eingebaut werden:

1. Verfolgt der Fänger einen Spieler, und ein anderer Spieler kreuzt seinen Weg, so muß er jetzt diesen Spieler zu fangen versuchen.
2. Der Fänger darf nur einen laufenden Spieler abschlagen. Setzt sich der flüchtende Spieler hin, ist er in Sicherheit.
3. Wenn der Spieler einen Baum mit beiden Armen umfaßt, darf er nicht abgeschlagen werden.
4. Faßt der Spieler einen anderen Spieler bei der Hand, darf er nicht gefangen werden.
5. Spieler, die auf einem Bein stehen und das andere Bein mit beiden Händen festhalten, darf der Fänger nicht abschlagen.
6. Alle Spieler, außer dem Fänger, tragen ein Band um die Taille. Holt der Fänger einen Flüchtenden ein, nimmt er ihm das Band ab und bindet es sich selbst um. Nun wird der Spieler ohne Band zum Fänger.
7. Der Fänger versucht, mit einem Ball einen flüchtenden Spieler zu treffen. Gelingt ihm das, wird dieser Spieler zum Fänger. Trifft er ihn aber nicht, so kann jeder beliebige Spieler den Ball aufnehmen und ihn anderen Spielern zuwerfen. Um wieder in Ballbesitz zu gelangen, muß der Fänger den Ball abfangen oder den Spieler in dem Moment abschlagen, in dem er den Ball in den Händen hält.

8. Das Spielfeld wird in 2, 3 oder sogar 4 Abschnitte eingeteilt. Jeder Abschnitt hat seinen eigenen Fänger (diese müssen sich durch bestimmte Zeichen voneinander unterscheiden.) Der Fänger darf sich nur in den Grenzen seines Abschnitts aufhalten. Die übrigen Spieler dürfen über das ganze Spielfeld laufen. In jedem Abschnitt ist ein Kreis markiert, in dem sich die Spieler ausruhen können. Der von einem Fänger abgeschlagene Spieler wird in dem betreffenden Abschnitt neuer Fänger.

9. (Für eine kleine Spielerzahl) Ein Spieler ist der Hirt, 2 Spieler sind die Wölfe und 4 oder 5 Spieler die Schafe. Die Wölfe versuchen, die Schafe, der Hirt versucht, die Wölfe mit der Hand zu berühren. Die abgeschlagenen Spieler scheiden aus. Der Hirt ist Sieger, wenn er die beiden Wölfe mit der Hand berührt hat, die Wölfe sind Sieger, wenn sie alle Schafe abgeschlagen haben.

Kreis gegen Kreis

Die Spieler bilden 2 Kreise: einen Innen- und einen Außenkreis. Beide Kreise setzen sich in entgegengesetzter Richtung in Bewegung. Auf Kommando bleiben alle Kinder stehen, und die Spieler des Innenkreises versuchen, die Spieler des Außenkreises abzuschlagen, bevor diese sich hinsetzen können. Die Abgeschlagenen stellen sich in den Innenkreis, und das Spiel beginnt von vorn.

Das Spiel ist beendet, wenn im Außenkreis nur noch wenige Spieler (5 oder 6) übriggeblieben sind.

Die Falle

Die Kinder bilden 3 große Kreise: einen Innenkreis und 2 Außenkreise. Alle Spieler im Innenkreis erhalten Papiermützen. Die Kinder fassen einander bei den Händen und gehen singend im Kreis herum: Die beiden Außenkreise in eine Richtung, der Innenkreis in die entgegengesetzte Richtung. Auf Kommando fassen die Spieler der beiden Außenkreise einander paarweise bei den Händen und versuchen, einen

Spieler des Innenkreises in die so entstandene Falle zu bekommen. Hat sich ein Spieler aus dem Innenkreis rechtzeitig hingesetzt, darf er nicht gefangen werden. Den Spielern aber, die doch in die Falle gegangen sind, wird die Mütze abgenommen.

Das Spiel wird mehrmals wiederholt. Die Kinder, denen es gelungen ist, ihre Mützen zu behalten, sind die Sieger.

Fangeisen

Die Spieler bilden mit 2 Schritt Abstand zueinander einen Kreis. Jeder 6. oder 8. Spieler (abhängig von der Spieleranzahl) faßt seinen rechten Nachbarn bei den Händen. Beide Kinder

heben die Arme hoch und bilden auf diese Weise einen Torbogen — ein Fangeisen. Sie stellen sich so auf, daß sich der Torbogen über der Kreislinie befindet. Der Spielleiter gibt das Kommando »rechts um«, und alle Kinder laufen im Kreis herum. Dabei müssen sie durch die Fangeisen hindurchlaufen. Auf einen Pfiff oder ein anderes vereinbartes Signal hin schnappen die Fangeisen zu (die Paare, die sich bei den Händen halten, lassen die Arme sinken). Die gefangenen Spieler gehen in die Mitte des Kreises. Aus ihnen werden neue Paare (Fangeisen) gebildet, die sich an verschiedenen Stellen des Kreises aufstellen.

Das Spiel wird so lange fortgesetzt, bis nur noch 5 bis 6 Spieler übrigbleiben. Sie sind die Sieger.

Glucke und Geier

An diesem Spiel können 10 bis 12 Kinder teilnehmen. Ein Spieler stellt den Geier, ein anderer die Glucke dar. Alle anderen sind die Kücken. Sie stellen sich hinter die Glucke und bilden eine Reihe. Der Geier nimmt 3 bis 4 Schritt von der Reihe entfernt Aufstellung. Auf Kommando versucht er, das letzte Kücken in der Reihe abzuschlagen. Doch das ist nicht so leicht, weil die Glucke ihm mit ausgebreiteten Flügeln

(Armen) den Weg versperrt und die ganze Reihe dem Geier ausweicht.
Gelingt es dem Geier, innerhalb weniger Minuten das Kücken zu schlagen, wird ein neuer Geier gewählt und das Spiel wiederholt.

Jäger und Wächter

Ein Spieler stellt den Jäger, ein anderer den Wächter dar. Die übrigen Spieler sind die Tiere. Der Wächter nimmt in der Mitte des Spielfeldes neben einem markierten Kreis von 2 m Durchmesser Aufstellung. Die Tiere laufen kreuz und quer über das Spielfeld, und der Jäger versucht, sie zu fangen. Die

27

Gefangenen werden in den Kreis geführt und vom Wächter bewacht. Sie können aber erlöst werden, wenn es einem Spieler außerhalb des Kreises gelingt, ihnen auf die ausgestreckte Hand zu schlagen (die Gefangenen dürfen jedoch die Kreislinie nicht übertreten). Die erlösten Tiere flüchten und gesellen sich zu den anderen. Schlagen aber Wächter oder Jäger den Spieler, der einen Gefangenen erlösen will, ab, muß dieser selbst in den Kreis.

Beim Bären im Wald

Alle Spieler stehen, locker gruppiert, auf einer Seite des Spielfeldes; auf der gegenüberliegenden Seite wird eine Linie gezogen, die den Waldrand darstellen soll, 2 bis 3 Schritt hinter dieser Linie befindet sich die Höhle des Bären.
Die Spieler gehen zur Bärenhöhle und tun so, als sammelten sie Beeren und Pilze. Dabei rufen sie:
  In dem dunklen Walde hier
  Pilz' und Beeren sammeln wir.
  Und der Bär im Tann
  brummt uns böse an.
Beim letzten Wort springt der Bär, böse brummend, aus der Höhle und versucht, einen Spieler zu fangen. Den Gefangenen bringt er dann in seine Höhle.
Das Spiel ist beendet, wenn 3 bis 5 Kinder gefangen sind.

Wer wird gefangen?

Auf den beiden gegenüberliegenden Seiten eines Spielfeldes werden Linien gezogen und seitlich mehrere Stühle aufgestellt. Dieses markierte Feld ist das Haus des Fängers. Die Spieler versammeln sich hinter einer Spielfeldlinie und rufen:
  Wir laufen gern und springen hoch.
  Na, versuch's und fang uns doch!
  Eins, zwei, drei —
  noch sind wir frei.
Nach dem Wort »frei« laufen alle zur gegenüberliegenden Seite des Spielfeldes. Der Fänger muß eins der flüchtenden Kinder

fangen, bevor diese die gegenüberliegende Linie überschreiten. Der Gefangene wird im Haus des Fängers auf einen Stuhl gesetzt. Dann rufen die Kinder erneut den Vers und laufen über das Spielfeld wieder zurück. Das wird 2- bis 3mal wiederholt.

Die Gefangenen werden gezählt, ein neuer Fänger wird gewählt, und das Spiel beginnt von vorn.

Die beiden Brüder Frost

Die Spieler werden in 2 Gruppen aufgeteilt und nehmen auf den gegenüberliegenden Seiten eines Spielfeldes Aufstellung. In der Mitte des Spielfeldes stehen die Brüder Frost: Frost Rotnase und Frost Blaunase. Sie wenden sich mit folgenden Worten an die Spieler:

Zwei junge Brüder seht ihr hier,
die kecken Brüder Frost sind wir:
Frost Rotnase,
Frost Blaunase.
Wer wagt sich aus dem Haus
und kommt zu uns heraus?

Die Kinder antworten im Chor:

Wir lassen uns nicht bange machen
und können über Frost nur lachen!

Sie versuchen, jeweils ins andere Lager hinüberzulaufen. Dabei werden sie von den Brüdern Frost verfolgt. Wer abgeschlagen wird, gilt als vereist; er muß dort stehenbleiben, wo er gefangen wurde, und beim nächsten Hinüberlaufen den anderen Spielern mit ausgebreiteten Armen den Weg versperren.

Ist die Zahl der Vereisten so groß, daß es schwierig ist, an ihnen vorbeizukommen, wird das Spiel abgebrochen.

Hüpfende Spatzen

Auf einem Spielfeld wird ein Kreis markiert, der so groß sein sollte, daß alle Spieler bequem Platz darin finden. Ein Spieler — der Kater — befindet sich im Mittelpunkt des Kreises. Die übrigen Spieler — die Spatzen — stellen sich außerhalb des Kreises, direkt an der Kreislinie, auf. Auf Kommando beginnen sie, in den Kreis hinein- und aus ihm herauszuhüpfen. Der Kater versucht, einen Spatzen zu fangen, der sich gerade im Kreis aufhält.

Wer gefangen wurde, wird Kater, und der Kater darf bei einer Wiederholung des Spiels als Spatz mitspielen.

Variante: Die Spatzen dürfen nur auf einem Bein hüpfen.

Einer ist zuviel

Die Spieler bilden mit 2 Schritt Abstand zueinander einen Kreis. 2 Spieler befinden sich außerhalb des Kreises; einer versucht, den anderen zu fangen. Wenn sich der Flüchtende vor einen beliebigen Spieler stellt, wird der hinter ihm stehende Spieler weiterverfolgt. Wird der Flüchtende abgeschlagen, tauscht er mit seinem Verfolger die Rollen. Die Spieler können sowohl innerhalb als auch außerhalb des Kreises laufen.

Ist die Zahl der Spieler groß, stellen sich immer 2 Spieler hintereinander im Kreis auf. In diesem Fall muß dann jeweils der letzte Spieler der Reihe flüchten.

Variante: Der überzählige Spieler flüchtet nicht, sondern wird zum Verfolger, und der Verfolger wird Flüchtender.

Plätze tauschen

Die Spieler bilden einen Kreis. Jeder von ihnen erhält eine Nummer, auch der Spielführer, der in der Mitte des Kreises steht. Er nennt laut 2 Nummern. Die Spieler mit diesen Nummern müssen unverzüglich ihre Plätze tauschen. Der Spielführer aber versucht, einem von ihnen zuvorzukommen und dessen Platz einzunehmen. Gelingt ihm das, übernimmt der Spieler ohne Platz die Spielführung.

Such dir einen Partner!

Die Spieler stellen sich paarweise zu einem Kreis auf. Der Spielführer befindet sich in der Mitte des Kreises. Der

Spielleiter gibt verschiedene Kommandos, z. B. »Wendet euch einander zu!« oder »Rücken an Rücken!« u. a. Auf das Kommando »Partnerwechsel!« sucht sich jeder einen anderen Partner. In dieser Zeit versucht der Spielführer, mit einem Spieler ein Paar zu bilden. Wer ohne Partner bleibt, wird neuer Spielführer.

Katze und Maus

Ein Spieler ist die Katze, ein anderer die Maus. Die übrigen Spieler bilden einen Kreis, der an einer Stelle geöffnet wird, sie heben die Arme und bilden auf diese Weise Tore.
Zu Beginn des Spiels steht die Katze im ersten, die Maus im zweiten Tor. Auf Kommando läuft die Maus in Schlangenlinie durch den Kreis, ohne ein einziges Tor auszulassen, und die Katze versucht, sie einzuholen und abzuschlagen. Gelingt ihr das nicht, bevor die Maus bis zur Kreisöffnung gelangt ist, wird sie selbst zur Maus. Die ehemalige Maus aber bildet an der Kreisöffnung ein neues Tor, und der nächstfolgende Spieler des Kreises wird Katze. Wird die Maus jedoch gefangen, bevor sie das letzte Tor passiert hat, wird sie zur Katze, und der nächstfolgende Spieler aus dem Kreis wird Maus.

Das Rad

Ein Kreis von 2 m Durchmesser wird auf den Boden gezeichnet. Es werden mehrere Gruppen von je 6 bis 8 Spielern gebildet. Ein Spieler wird zum Spielführer gewählt. Die einzelnen Gruppen stellen sich strahlenförmig, wie die Speichen eines Rades, auf, dabei steht der erste Spieler jeder Gruppe auf der Kreislinie.
Der Spielführer läuft um das Rad herum, tritt hinter den letzten Spieler einer »Radspeiche« und berührt diesen mit der Hand. Dieser Spieler gibt den Schlag an den vor ihm stehenden Spieler weiter usw. Wenn der erste Spieler in der Reihe den Schlag erhält, ruft er »Fertig!«, läuft an seiner Reihe entlang, rennt außen um das Rad herum und kehrt an seinen Platz

zurück. Alle Spieler seiner Reihe und der Spielführer laufen hinter ihm her, bemüht, einander zu überholen.

Der Spieler, der schließlich als letzter ankommt, wird neuer Spielführer.

Tanz der Tiere

Die Kinder bilden einen Kreis und halten einander bei den Händen. Der Spielleiter durchbricht diesen Kreis an mehreren Stellen. Aus den so entstandenen Gliedern werden kleine Kreise — die Häuschen für Hasen, Eichhörnchen, Füchse und Bären — gebildet.

Zu den Klängen von Musik geht der Spielleiter an den Tierhäuschen vorüber und fordert die Tiere auf, ihm zu folgen. Die Eichhörnchen bewegen sich schnell und trippelnd, die Hasen mit kleinen Sprüngen, die Bären schwerfällig und tapsend, die Füchse in geschmeidigem, schleichendem Gang.

Haben alle Tiere einen gemeinsamen Kreis gebildet, beginnen sie zu tanzen.

Plötzlich ruft der Spielleiter: »Die Jäger kommen!« Die Tiere stürzen auf ihre Plätze und bemühen sich, so schnell wie möglich wieder kleine Kreise (Häuschen) zu bilden. Die Tiergruppe, die sich am schnellsten wieder in ihrem Häuschen zusammengefunden hat, d. h. wieder einen kleinen Kreis bildet, ist Sieger.

Labyrinth

Ein Spieler ist Flüchtender, ein anderer Verfolger. Die übrigen Spieler stellen sich in Reihe zu je 5 Spielern mit doppeltem Armabstand zueinander auf. Sie drehen sich nach rechts, nehmen die Arme in Seithalte und vergrößern abermals den Abstand zueinander. Auf diese Weise entstehen zwischen den Spielern parallele Gänge, deren Richtung sich verändern läßt.

In einem der Gänge befindet sich der Flüchtende, ihm setzt der Verfolger nach. Beide dürfen sich nur innerhalb der Gänge bewegen.

Auf Kommando drehen sich die Spieler nach rechts und nehmen die Arme erneut in Seithalte. Dadurch können sich Flüchtender und Verfolger plötzlich in unterschiedlichen Gängen befinden.

Gelingt es dem Verfolger, den Flüchtenden abzuschlagen, tauschen sie die Rollen: Der Verfolger wird jetzt Flüchtender, und der Flüchtende wird Verfolger.

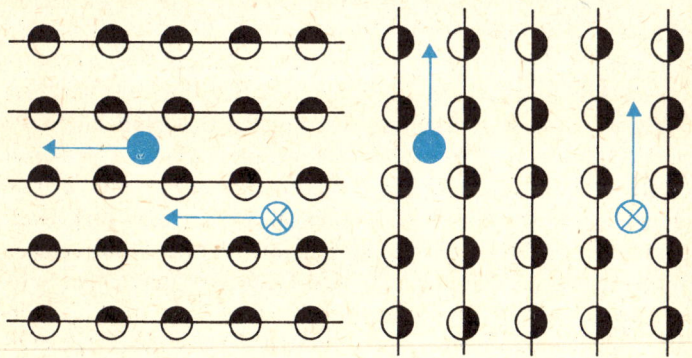

Danach wird ein neues Paar ausgewählt, und das Spiel beginnt von vorn.

An der Stimme erkennen

Die Kinder und der Spielleiter bilden einen Kreis. In der Mitte steht der Spielführer. Ihm werden die Augen verbunden. Die Spieler gehen im Kreis um den Spielführer herum, ahmen seine gymnastischen oder tänzerischen Bewegungen nach, bleiben dann stehen und sagen:

Wir haben gespielt und sind gelaufen,
stehen im Kreis jetzt und verschnaufen.
Rate nun — wir fragen dich —,
wer hat dich gerufen, sprich!

Der Spielleiter zeigt schweigend auf einen Spieler. Dieser ruft: »Sag, wer bin ich!« Der Spielführer muß den Namen dieses Spielers nennen. Hat er richtig geraten, wird dieser Spieler zum Spielführer, hat er sich geirrt, wird das Spiel wiederholt.

Wenn die Kinder die Stimmen ihrer Kameraden bereits gut unterscheiden, dürfen sie ihre Stimme verstellen, um das Spiel zu erschweren.

Triff genau!

15 bis 20 Spieler stellen sich mit doppeltem Armabstand im Kreis auf. Ein Spieler erhält einen Volleyball und spielt ihn (wie beim Volleyballspiel) einem anderen Spieler zu. Dieser gibt den Ball auf dieselbe Weise weiter. Das geht so lange, bis jemand den Ball fallen läßt. Dieser Spieler wird nun zum Jäger: Alle Spieler laufen auf dem Spielfeld hin und her. Der Jäger aber muß so schnell wie möglich den Ball aufheben und »Halt!« rufen. Sofort müssen alle stehenbleiben. Von der Stelle aus, wo der Jäger den Ball aufgehoben hat, muß er nun einen Spieler abzuwerfen versuchen. Dieser darf sich zwar nicht von der Stelle rühren, er darf aber dem Ball ausweichen (sich bücken, sich hinsetzen usw.). Trifft der Jäger einen Spieler, kehren alle an ihre Plätze im Kreis zurück: der abgeworfene Spieler wird neuer Jäger, und das Spiel wird fortgesetzt.

Verfehlt der Jäger jedoch sein Ziel, muß er erneut den Ball aufheben, wieder »Halt!« rufen und einen Spieler abzuwerfen versuchen.

Den Ball berühren

Die Spieler bilden mit doppeltem Armabstand einen Kreis, in dessen Mitte der Spielführer steht. Die Spieler im Kreis werfen einander einen Ball zu. Der Spielführer läuft in der Mitte des Kreises hin und her und versucht, den Ball in der Luft, auf dem Boden oder in den Händen eines Spielers zu berühren. Gelingt ihm das, tritt der Spieler an seine Stelle, nach dessen Wurf der Ball berührt wurde.

Verteidigung einer Festung

Ein großer Kreis wird auf den Boden gezeichnet; in seine Mitte werden 5 Keulen oder Kegel — die Festung — gestellt. (Es können auch je 3 Stöcke zusammengebunden und aufgestellt werden.) Die Spieler stehen an der Kreislinie, nur der Verteidiger bleibt im Kreis.
Die Spieler werfen sich nun gegenseitig einen Volleyball zu und bemühen sich, in einem günstigen Moment die Keulen umzuwerfen. Dabei darf der Verteidiger den Ball auf jede Weise abwehren.
Gelingt es einem Spieler, die Festung zu zerstören, wird er neuer Verteidiger.

Die Hummel

An diesem Spiel können 10 bis 20 Kinder teilnehmen. Die Spieler stellen sich mit doppeltem Armabstand zueinander im Kreis auf. Der Ball — die Hummel — wird innerhalb des Kreises auf dem Boden hin- und hergerollt. Die Spieler müssen den Ball mit den Händen abwehren und versuchen, einen anderen Spieler zu treffen. Kann jemand den Ball nicht abwehren und wird von ihm getroffen (nur unterhalb der Knie), gilt er als gestochen. Er muß sich umdrehen, mit dem Rücken zur Kreismitte, und darf so lange nicht am Spiel teilnehmen, bis der nächste Spieler vom Ball berührt wird.

Es ist nicht erlaubt, den Ball zu fangen oder ihn mit den Füßen abzuwehren.

Wettstreit der Geher

2 Linien — die Start- und die Ziellinie — werden im Abstand von 40 m zueinander auf dem Boden markiert. Auf Kommando setzen sich die Spieler in Bewegung und versuchen, so schnell wie möglich das Ziel zu erreichen.

Es ist darauf zu achten, daß die Spieler gehen und nicht laufen oder springen.

Wer als erster das Ziel erreicht, ist Sieger.

Karussell

Die Spieler stellen sich im Kreis auf. Auf der Erde liegt eine zu einem Ring zusammengeknotete Leine. Die Kinder heben sie vom Boden auf, halten sich mit der rechten Hand daran fest und gehen mit den Worten im Kreis herum:

Erst ganz langsam und noch leise

Karussell beginnt die Reise.

Aber dann im Kreise schnell

dreht es sich, das Karussell.

Die Spieler gehen anfangs langsam, doch nach den Worten »dreht es sich« fangen sie an zu laufen. Gibt der Spielleiter das Kommando »Kehrt!«, nehmen sie rasch die Leine in die andere Hand und laufen in die entgegengesetzte Richtung.

Langsam, langsam, nicht so eilen!

Laßt das Karussell verweilen.

Eins und zwei und eins und zwei,

nun ist dieses Spiel vorbei!

Die Bewegung des Karussells wird allmählich langsamer und hört mit den letzten Worten ganz auf. Die Spieler legen die Leine auf die Erde und laufen auf dem Spielfeld hin und her. Auf ein Zeichen des Spielleiters hin eilen sie herbei, um das Karussell erneut zu besteigen, d. h. wieder die Leine anzufassen. Die Plätze auf dem Karussell dürfen jedoch nur bis zum dritten Klingelzeichen (Klatschen) eingenommen werden. Wer zu spät kommt, darf nicht mitfahren.

Die Eule

Die Kinder — Käfer, Schmetterlinge und Vögel — bilden einen Kreis. Ein Spieler — die Eule — tritt in die Kreismitte. Sagt der Spielleiter »Der Tag bricht an — alles erwacht!«, laufen alle Käfer, Schmetterlinge und Vögel, mit den Flügeln schlagend, im Kreis umher. Die Eule schläft zu dieser Zeit, d. h., sie steht mit geschlossenen Augen in der Mitte des Kreises. Sagt der Spielleiter jedoch »Die Nacht bricht an — alles wird still!«, bleiben Vögel, Käfer und Schmetterlinge still stehen oder ducken sich, die Eule aber geht auf Jagd. Sie hält Ausschau nach Spielern, die sich bewegen oder lachen, und bringt diese in ihr Nest — in die Kreismitte. Diese Spieler werden nun ebenfalls zu Eulen und gehen bei Wiederholung des Spiels gemeinsam auf Jagd.

Erlöse-Stab

Alle Spieler verstecken sich, und ein Spieler, der Fänger, muß sie suchen. Sein Kommen kündigt er an, indem er mit einem Stab, dem Erlöse-Stab, gegen einen Baum, eine Bank oder einen anderen Gegenstand schlägt, neben dem der Stab seinen festen Platz hat (dieser muß allen bekannt sein). Dabei sagt er: »Erlöse-Stab, unser Spiel beginnt.« Er legt den Stab an seinen Platz zurück und beginnt, die Spieler zu suchen. Hat er jemanden entdeckt, läuft er zum Stab, schlägt damit an und ruft laut, wen er gefunden hat und wo. Bei seiner Suche nach den versteckten Spielern hütet er sich, sich allzuweit vom Stab zu entfernen, denn jeder Spieler, der nicht gefunden wurde, kann herbeilaufen, mit dem Stab anschlagen und sagen: »Erlöst!« Bemerkt der Fänger jedoch, daß sich ein Spieler erlösen will, muß er versuchen, ihm zuvorzukommen, muß mit dem Stab anschlagen und den Namen des betreffenden Spielers nennen.

Bei einer Wiederholung des Spiels müssen sich alle Spieler
(auch die, die entdeckt wurden) erneut verstecken, und ein
neuer Fänger muß sie suchen.

Mannschaftsspiele

Nimm schnell den Kegel!

Die Spieler bilden 2 Mannschaften und treten in Linie zu
einem Glied, das Gesicht einander zugewandt, an. Der Abstand zwischen ihnen beträgt 10 m. Die Spieler in jeder
Mannschaft erhalten eine Nummer. In 5 m Abstand zu beiden
Mannschaften wird ein Kegel aufgestellt. Der Spielleiter nennt
eine Nummer, und die beiden Spieler mit dieser Nummer
versuchen, jeweils als erster den Kegel zu ergreifen und zur
eigenen Mannschaft zurückzulaufen. Doch der Gegner versucht, ihn dabei abzuschlagen.
Gelangt der Spieler dennoch an seinen Platz, erhält seine Mannschaft 2 Punkte; hat man ihn dagegen abgeschlagen, wird
seiner Mannschaft nur ein Punkt gutgeschrieben.
Nun nennt der Spielleiter eine andere Zahl, und andere Spieler
wetteifern miteinander.
Es gewinnt die Mannschaft mit den meisten Punkten.

Schlag den Ball herunter!

Die Spieler bilden 2 Mannschaften. Beide Mannschaften
werden durchgezählt; auf diese Weise erhält jeder Spieler eine
Nummer. Nun werden im Abstand von 10 bis 15 m 2 Linien
gezogen, an denen sich die beiden Mannschaften gegenüber
aufstellen. Zwischen beide Mannschaften wird ein Stuhl
gestellt und ein Ball darauf gelegt. Der Spielleiter nennt
eine Nummer; beide Spieler mit dieser Nummer müssen
zur gegenüberliegenden Mannschaft laufen, mit einem Fuß
auf die Begrenzungslinie treten und auf dem Rückweg den Ball
vom Stuhl schlagen. Die Mannschaft, deren Vertreter das ge-

schafft hat und seinem Rivalen zuvorgekommen ist, erhält einen Punkt.

Es siegt die Mannschaft mit den meisten Punkten.

Der Lauf nach den Fähnchen

Die Spieler bilden 2 gleich starke Mannschaften und treten an den gegenüberliegenden Enden eines Spielfeldes jeweils in einer Linie an. Parallel zu den Spielfeldlinien wird in der Mitte des Feldes ein 1,5 bis 2 m breiter Streifen markiert, auf dem Fähnchen verteilt werden. Auf Kommando laufen die Spieler beider Mannschaften schnell dorthin und versuchen, möglichst viele Fähnchen einzusammeln. Dann kehren sie mit den Fähnchen hinter ihre Linien zurück und übergeben sie ihren Mannschaftskapitänen. Diese zählen die Fähnchen zusammen. Für jedes Fähnchen erhält die Mannschaft einen Punkt.

Es gewinnt die Mannschaft mit der höchsten Punktzahl.

Hin- und Herziehen im Kreis

Die Spieler bilden 2 gleich starke Mannschaften. Eine Mannschaft nimmt innerhalb, die andere außerhalb eines Kreises, das Gesicht einander zugewandt, Aufstellung. Die Spieler, die sich im Kreis befinden, müssen versuchen, ihre Rivalen in den Kreis hineinzuziehen, die Spieler außerhalb des Kreises aber müssen sich bemühen, ihre Gegner aus dem Kreis herauszuziehen. Dabei dürfen die Spieler nur an den Armen und Händen gezogen werden. Nach 1 bis 2 Minuten scheiden die in den Kreis Hineingezogenen und die aus dem Kreis Herausgezogenen aus dem Spiel aus.

Dieses Spiel wird 4- bis 6mal wiederholt. Es siegt die Mannschaft, in der die meisten Spieler übriggeblieben sind.

Geplänkel

Das Spielfeld wird durch eine Linie in 2 gleiche Teile geteilt. 20 bis 30 Schritt von dieser Linie entfernt wird auf jeder Seite eine weitere Linie gezogen, hinter der sich später die Gefangenen befinden.

Die Spieler bilden 2 Mannschaften. Jede Mannschaft verteilt sich auf ihrem Feld. Der Spielleiter steht in der Mitte des Spielfeldes und wirft den Ball in die Höhe. Die Mannschaft, in deren Feld der Ball gefallen ist, versucht nun, mit dem Ball einen Spieler aus der gegnerischen Mannschaft abzuwerfen, und diese versucht das, wenn sie im Ballbesitz ist, mit ihren Rivalen ebenfalls. Dabei dürfen die Spieler das Feld des Gegners nicht betreten. Die abgeworfenen Spieler begeben sich hinter die Gefangenenlinie des Gegners.

Als nicht abgeworfen gilt ein Spieler, wenn er den Ball fängt, aber auch, wenn ihn der Ball erst trifft, nachdem er vom Boden zurückgeprallt ist.

Es ist nicht erlaubt, den Ball längere Zeit in den Händen zu halten und mit ihm umherzulaufen. Bei einem Verstoß gegen diese Regel muß der Ball an die andere Mannschaft abgegeben werden.

Die Gefangenen können erlöst werden, wenn man den Ball über das gegnerische Feld hinweg den Gefangenen zuwirft. Gelingt es einem Gefangenen, den Ball zu fangen, ohne die Gefangenenlinie zu überschreiten, so gilt er als befreit und darf an seinen Platz zurückkehren.

Ist der Ball hinter die Gefangenenlinie geraten, werfen ihn die Gefangenen von dort zu ihrer Mannschaft zurück. (Gibt es keine Gefangenen, so besorgt das ein beliebiger Mitspieler.)

Man kann für dieses Spiel eine bestimmte Zeit festsetzen. Dann wird nach etwa 10 bis 15 Minuten die Spielerzahl in jeder Mannschaft festgestellt. Es siegt die Mannschaft, die noch über die meisten Spieler verfügt.

Wettrennen mit Ball

An diesem Spiel können 10 bis 12 Kinder teilnehmen. Sie stehen kreisförmig mit doppeltem Armabstand zueinander und zählen zu zweien ab. Auf diese Weise werden 2 Mannschaften gebildet: eine Mannschaft mit geraden, die andere Mannschaft mit ungeraden Nummern.

Der Spielleiter gibt den Spielern mit der Nummer 1 und der Nummer 2 je einen Volleyball. Auf Kommando laufen sie in entgegengesetzter Richtung außen um den Kreis herum. Sobald sie wieder an ihren Platz zurückgekehrt sind, werfen sie den Ball ihrem am nächsten stehenden Mannschaftskameraden zu. Dieser läuft ebenfalls mit dem Ball um den Kreis herum, stellt sich an seinen Platz zurück und wirft ihn seinem nächsten Mitspieler zu usw.

Es siegt die Mannschaft, deren letzter Spieler als erster wieder an seinem Platz steht.

Weitergabe des Balls im Kreis

2 Mannschaften bilden je einen Kreis, wobei die Spieler hintereinander antreten. Jede Mannschaft wählt einen Kapitän, der jeweils einen Volleyball erhält. Auf Kommando hebt jeder Kapitän den Ball über den Kopf und gibt ihn an den hinter ihm Stehenden weiter; so wandert der Ball im Kreis herum. Kehrt der Ball zum Kapitän zurück, gibt ihn dieser an den vor ihm stehenden Spieler weiter (d. h. in entgegengesetzter Richtung). Ist der Ball wieder beim Kapitän angelangt, drehen sich alle Spieler mit dem Rücken zur Kreismitte und geben den Ball nach rechts weiter. Anschließend drehen sie sich mit dem Gesicht zur Kreismitte und geben den Ball nach links weiter. Ist der Ball wieder beim Kapitän angelangt, hebt dieser ihn über den Kopf.

Es siegt die Mannschaft, die den Ball am schnellsten herumgegeben hat.

Der Spielleiter führt das Spiel zunächst mit allen Spielern in einem gemeinsamen Kreis durch. Wenn die Spieler die Spielregeln beherrschen (wie der Ball weitergegeben wird, wann und wohin man sich drehen muß), teilt er die Spieler in 2 Mannschaften ein, die dann miteinander wetteifern.

Den Ball an den Spieler in der Mitte

Die Spieler bilden 3 oder 4 Kreise mit gleicher Spieleranzahl. In der Mitte jedes Kreises steht ein Werfer. Er wirft einen Ball der Reihe nach jedem der im Kreis stehenden Spieler zu und fängt ihn auch wieder auf. Wird der Ball nicht gefangen, muß ihn der Spieler, der den jeweiligen Partner verfehlt hat, holen, an seinen Platz zurückkehren und erneut werfen. Ist der Ball im Kreis herumgegangen und vom letzten Spieler wieder zum Werfer zurückgekehrt, hebt ihn dieser mit beiden Händen über den Kopf.

Es gewinnt die Mannschaft, die das Zuwerfen des Balls als erste beendet hat.

Platzwechsel

2 Mannschaften von je 8 bis 10 Spielern treten in Linie zu einem Glied, das Gesicht einander zugewandt, an den gegenüberliegenden Seiten eines Spielfeldes an (Entfernung 10 bis 12 m) und gehen auf doppelten Armabstand auseinander. Auf Kommando laufen sie einander entgegen, bemüht, so schnell wie möglich hinter die Linie des gegnerischen Lagers zu gelangen. Dort stellen sich alle Spieler wieder in Linie auf.

Um einander nicht zu behindern und nicht mit den Entgegenkommenden zusammenzustoßen, müssen sich die Spieler beim Hinüberlaufen rechts halten.

Es siegt die Mannschaft, die nach dem Hinüberlaufen als erste wieder in Linie steht.

Variante: Beim Hinüberlaufen können die Bewegungsarten verändert werden. Es kann auf beiden Beinen oder auf einem Bein gehüpft werden, es kann mit dem Springseil gesprungen werden usw.

Genauer Wurf

2 Mannschaften von je 8 bis 10 Spielern stellen sich einander gegenüber in Reihe auf. Zwischen beiden Mannschaften wird ein Reifen auf den Boden gelegt. Auf Kommando wirft der erste Spieler der einen Mannschaft den Ball in die Mitte des Reifens, und zwar so, daß er in Richtung der anderen Mannschaft zurückprallt, und tritt zur Seite. Hat der Spieler der zweiten Mannschaft den Ball gefangen, gibt er ihn auf

dieselbe Weise zurück, d. h., er wirft ihn in die Mitte des Reifens und tritt beiseite. Den Ball fängt nun der zweite Spieler der ersten Mannschaft usw. So werfen und fangen, einander abwechselnd, alle Spieler beider Mannschaften den Ball. Dabei wird ein hohes Tempo angeschlagen.

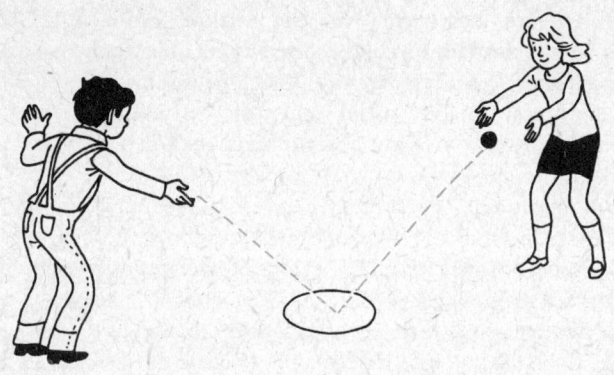

Wird der Ball nicht gefangen oder berührt der Ball den Reifen, dann ist der Wurf ungültig. Der betreffende Spieler muß ein zweites Mal werfen.
Es siegt die Mannschaft mit den wenigsten Fehlwürfen.

Staffelwettbewerbe

Unter den Mannschaftsspielen nehmen die Stafetten oder Staffeln eine Sonderstellung ein. Ihre Durchführung erfordert keine große Vorbereitung, und ihr Inhalt kann je nach Alter und Zusammensetzung der Spieler variiert, d. h. vereinfacht bzw. erschwert werden. Bei Staffeln ist das Wettbewerbselement vorherrschend, und die Ergebnisse sind anschaulich; deshalb sind sie nicht nur bei den Teilnehmern, sondern auch bei den Zuschauern sehr beliebt.
Bei Staffelwettbewerben können die Mannschaften z. B. verschiedene Kinderkollektive repräsentieren: Brigaden, Klassen u. a. Dann empfindet jeder Teilnehmer eine besondere

Verantwortung vor dem Kollektiv, das er vertritt; seine Aktivität, sein Interesse am Spiel und sein Wille zum Sieg nehmen zu.

Bei Staffelwettbewerben werden 2 bis 4 zahlenmäßig und möglichst auch kräftemäßig gleich starke Mannschaften gebildet. Jede Mannschaft sollte aus nicht mehr als 8 bis 10 Teilnehmern bestehen. Um die strikte Einhaltung der Regeln (nicht zu früh loszulaufen usw.) zu überwachen, kann der Spielleiter Gehilfen für die einzelnen Mannschaften bestimmen. Verstößt ein Spieler gegen die festgelegten Regeln, darf ihn der Gehilfe z. B. zur Startlinie zurückholen und ihn von vorn beginnen lassen.

Bevor man mit dem Wettkampf beginnt, sollte man (besonders bei jüngeren Schulkindern) das Spiel erst einmal proben, ohne die Ergebnisse zu werten, damit jeder Spieler genau weiß, was von ihm verlangt wird.

Was bedeuten die Worte „Staffel" oder „Stafette"?

Früher, als es noch keine Eisenbahnen, keine Autos und keine Flugzeuge gab, wurden Briefe und andere dringende Schreiben mit der Stafettenpost, d. h. mit Postkutschen befördert. Diese Postkutschen hielten an den einzelnen Poststationen; die Kutscher wechselten die Pferde und verteilten die für die jeweilige Station bestimmte Post.

Und noch früher (vor etwa 800 Jahren) beförderten Schnellläufer die Post. Sie liefen von einer Station zur anderen. An ihrem Gürtel hatten sie kleine Glöckchen befestigt, die das Nahen des Postillons ankündigten. Die Kuriere lösten einander ab, und so konnten die Nachrichten schnell überbracht werden.

Heute hat das Wort „Stafette" seine ursprüngliche Bedeutung verloren. Als Stafette oder Staffel bezeichnet man ein Spiel, bei dem jeder Teilnehmer auf einer entsprechenden Etappe einem anderen einen bestimmten Gegenstand (Staffelstab, Ball, Reifen) übergeben oder nacheinander gewisse Handlungen ausführen und dabei bemüht sein muß, seine Rivalen aus der anderen Mannschaft darin an Schnelligkeit zu übertreffen.

Mit verschiedenen Staffelspielen kann man einen ganzen

Nachmittag gestalten, der dann mit der Auszeichnung der Sieger endet.

Von einem Kreis zum anderen

Zwischen der Start- und Ziellinie werden im Abstand von 1 bis 1,5 m zueinander Kreise mit einem Durchmesser von 30 bis 40 cm auf die Erde gezeichnet (es können auch Gymnastikreifen auf den Boden gelegt werden).

Die Spieler stellen sich in Reihe auf. Auf Kommando laufen die Spieler mit der Nummer 1, aus einem Kreis in den anderen hüpfend, zur Ziellinie, kehren auf kürzestem Weg zurück, übergeben die Staffelstäbe an die Spieler mit der Nummer 2 und stellen sich an das Ende ihrer Reihe. Die Spieler mit der Nummer 2 begeben sich nun auf die gleiche Weise zur Ziellinie usw.

Die Mannschaft, deren letzter Spieler die Ziellinie als erster erreicht hat, ist Sieger.

Staffel mit Reifen

Für das Spiel benötigt man Reifen und Staffelstäbe entsprechend der Anzahl der Mannschaften.

10 bis 15 Schritt von der Startlinie entfernt wird vor jeder Mannschaft ein Fähnchen aufgestellt und auf halber Distanz ein Reifen hingelegt.

Die Spieler stellen sich in Reihe auf. Die Spieler mit der Nummer 1 erhalten die Staffelstäbe.

Der Spielleiter gibt das Kommando, und die ersten Spieler laufen zu den auf der Erde liegenden Reifen, heben sie auf, ohne dabei die Stäbe loszulassen, kriechen durch sie hindurch, legen sie an ihren Platz zurück (dieser muß gekennzeichnet sein), laufen weiter bis zu den Fähnchen und um diese herum, kehren zurück, kriechen abermals durch die Reifen, händigen den Spielern mit der Nummer 2 die Staffelstäbe aus und stellen sich ans Ende ihrer Reihe.

Anschließend laufen die Spieler mit der Nummer 2 los, dann die Spieler mit der Nummer 3 usw.

Es gewinnt die Mannschaft, deren letzter Spieler als erster wieder an seinem alten Platz steht.

Gemüse pflanzen

2 oder 3 Mannschaften treten in Reihe auf einer Seite eines Spielfeldes an. Auf der gegenüberliegenden Seite werden für jede Mannschaft 5 Kreise markiert. Der erste Spieler jeder Mannschaft erhält einen Beutel mit Gemüse (z. B. Rettich, Zwiebel, Rübe, Mohrrübe, Kartoffel) oder mit Gegenständen, die diese symbolisieren. Auf Kommando laufen die Kinder los, legen das Gemüse in die dafür bestimmten Kreise und geben die leeren Beutel an die Spieler mit der Nummer 2 weiter. Diese laufen los, sammeln das Gemüse wieder ein und geben die Beutel mit dem Gemüse an die Spieler mit der Nummer 3 weiter usw.

Es siegt die Mannschaft, die das Spiel als erste beendet hat.

Lauf der Tausendfüßler

Die Kinder werden in 2 oder 3 Mannschaften zu je 10 bis 12 Spielern eingeteilt. Jede Mannschaft erhält ein langes Seil. Die Spieler fassen, gleichmäßig zu beiden Seiten auf die ganze Länge des Seiles verteilt, entweder mit der rechten oder der linken Hand das Seil an. Auf Kommando laufen die Mannschaften zum Ziel (Entfernung 30 bis 40 m), wobei sie die ganze Zeit über das Seil festhalten.

Es gewinnt die Mannschaft, die als erste das Ziel erreicht, ohne daß einer ihrer Teilnehmer das Seil losgelassen hat.

Schnellzug

Die Spieler der einzelnen Mannschaften stellen sich in Reihe auf. 6 bis 7 m von jeder Mannschaft entfernt werden Fähnchen aufgestellt. Auf das Kommando »Marsch!« gehen die ersten Spieler jeder Mannschaft in schnellem Schritt (Laufen ist verboten) auf ihre Fähnchen zu, gehen um sie herum und kehren zurück. Nun gesellen sich die zweiten Spieler zu ihnen.

Gemeinsam legen sie denselben Weg zurück. Dann gehen auch die dritten Spieler mit usw. Die Spieler halten dabei einander bei den Ellbogen und bewegen die Arme beim Gehen wie die Triebstange einer Lokomotive. Ist die Lokomotive (der vorderste Spieler) mit voller Besatzung an ihren Platz zurückgekehrt, muß sie einen langgezogenen Pfiff abgeben.

Es gewinnt die Mannschaft, die als erste auf der Station angekommen ist.

An den neuen Platz

Die Spieler von 2 Mannschaften treten in Reihe an. 15 bis 20 m von ihnen entfernt wird eine Linie gezogen. Auf Kommando fassen die ersten beiden Spieler jeder Mannschaft einander bei den Händen und laufen hinter die Linie. Die Spieler mit der Nummer 1 bleiben am neuen Platz, die Spieler mit der Nummer 2 aber kehren zurück, fassen die dritten Spieler bei den Händen und laufen abermals bis zur Linie. Dann bleiben die Spieler mit der Nummer 2 dort, während die Spieler mit der Nummer 3 zurückkehren usw.

Es siegt die Mannschaft, deren sämtliche Spieler sich als erste auf der anderen Seite befinden.

Staffel mit Bällen

Die Spieler der Mannschaften stellen sich in Reihe auf. 6 bis 7 Schritt von der Startlinie entfernt wird vor jeder Mannschaft ein Stuhl aufgestellt. Der erste Spieler jeder Mannschaft erhält einen Volleyball. Auf Kommando laufen die Spieler mit der Nummer 1 zu ihren Stühlen, stellen sich hinter sie und werfen von hier aus die Bälle den Spielern mit der Nummer 2 zu. Danach kehren sie zurück und stellen sich ans Ende ihrer Reihe. Die Spieler mit der Nummer 2 fangen den Ball, laufen zu ihren Stühlen und werfen den Ball den Spielern mit der Nummer 3 zu usw. Hat ein Spieler den Ball nicht gefangen, muß er ihm nachlaufen und an seinen Platz zurückkehren. Erst dann darf er das Spiel fortsetzen.

Es gewinnt die Mannschaft, deren Ball sämtliche Spieler

passiert hat und zuerst zum Spieler mit der Nummer 1 zurückgekehrt ist.

Nach Ballabgabe setzen

Mehrere Mannschaften von je 5 bis 6 Spielern treten, nachdem sie ihre Kapitäne gewählt haben, in Linie an. 5 bis 6 Schritt von ihnen entfernt nehmen die Kapitäne Aufstellung. Jeder von ihnen erhält einen Ball.

Der Spielleiter gibt das Kommando, und jeder Kapitän wirft dem ersten Spieler in seiner Mannschaft den Ball zu. Der Spieler fängt den Ball, gibt ihn an den Kapitän zurück und setzt sich auf die Erde.

Dann werfen die Kapitäne die Bälle den zweiten Spielern, dann den dritten Spielern zu usw. Jeder Spieler setzt sich, sobald er den Ball an den Kapitän zurückgegeben hat. Erhält der Kapitän den Ball vom letzten Spieler seiner Mannschaft zurück, hebt er ihn hoch, und alle Spieler seiner Mannschaft springen auf.

Es gewinnt die Mannschaft, deren Kapitän den Ball als erster hochgehoben hat und deren Spieler als erste aufgesprungen sind.

Läßt während des Spiels ein Spieler den Ball fallen, muß er ihn aufheben, sich wieder an seinen Platz stellen und ihn erneut dem Kapitän zuwerfen.

Ball durch den Reifen

Für dieses Spiel benötigt man 10 bis 14 Gymnastikreifen sowie zwei Volleybälle. Die Spieler werden in 2 Jungen- und 2 Mädchenmannschaften eingeteilt. Beide Jungenmannschaften treten mit 5 bis 6 m Abstand in Linie zu einem Glied an. Daneben nehmen die beiden Mädchenmannschaften paarweise Aufstellung.

Die Jungen halten zwischen den in Seithalte genommenen Armen je einen Reifen, aus ihnen wird gewissermaßen eine Kette gebildet. Das erste Mädchenpaar jeder Mannschaft geht, sobald es im Ballbesitz ist, an der Linie der Jungen entlang (ein Mädchen vor, das andere hinter der Reihe), und ein Partner wirft dem anderen den Ball durch jeden Reifen zu. Sind sie am Ende der Linie angelangt, gehen sie zurück, wobei sie den Ball wieder durch die Reifen werfen. Dann wird der Ball an das zweite Mädchenpaar abgegeben usw. Wird der Ball nicht gefangen oder fliegt er am Reifen vorbei, ist der Wurf zu wiederholen.

Es gewinnt die Mannschaft, die die Aufgabe als erste erfüllt hat.

Danach tauschen die Jungen- und Mädchenmannschaften die Rollen: Die Mädchen treten mit den Reifen in Linie an, die Jungen werfen den Ball durch die Reifen.

Staffel mit Puck

Die Spieler der einzelnen Mannschaften stellen sich in Reihe auf. 10 bis 12 m von der Startlinie entfernt wird vor jeder Mannschaft ein Fähnchen (oder Stuhl) aufgestellt. Die Spieler mit der Nummer 1 erhalten je einen Hockeyschläger und einen Puck. Auf Kommando müssen sie den Puck mit dem Schläger immer wieder schlagen, ihn um das Fähnchen herumführen und zur Startlinie zurückkehren. Dann wird der Schläger an den zweiten Spieler übergeben, der nun seinerseits den Puck mit dem Schläger um das Fähnchen herumführt, dann an den dritten Spieler usw.

Es gewinnt die Mannschaft, die den Wettbewerb als erste beendet hat.

Variante: Die Spieler müssen gleichzeitig 2 Pucks um die Fähnchen herumführen und zur Startlinie zurückbringen.

Der Krebs geht rückwärts

Die Mannschaften treten in Reihe an. Vor jeder Mannschaft wird in 10 bis 15 m Entfernung ein Fähnchen aufgestellt. Auf Kommando drehen sich die ersten Spieler um und gehen rückwärts auf die Fähnchen zu, umgehen sie von rechts und kehren, ebenfalls rückwärts, an ihren Platz zurück. Dabei dürfen sie sich nicht umschauen. Sobald sie die Startlinie überschritten haben, machen sich die zweiten Spieler auf den Weg, dann die dritten usw.
Es gewinnt die Mannschaft, die den Wettkampf als erste beendet hat.

Pinguin mit Ball

2 Mannschaften treten in Reihe an. 10 Schritt von ihnen entfernt wird je ein Fähnchen aufgestellt. Die Spieler mit der Nummer 1 erhalten je einen Volleyball. Diesen klemmen sie sich zwischen die Knie und hüpfen auf das Fähnchen zu, umgehen es von rechts und kehren zurück. Die Bälle werden an die zweiten Spieler abgegeben, dann an die dritten Spieler usw.

Es siegt die Mannschaft, die das Spiel als erste beendet hat.
Variante: Die Spieler müssen gleichzeitig 2 Bälle vorwärts

bewegen — den einen zwischen die Knie klemmen, den anderen in den Händen halten.

Ballweitergabe

Die Spieler von 2 Mannschaften treten in Linie zu einem Glied einander gegenüber an. Die ersten Spieler jeder Mannschaft erhalten einen Ball. Auf Kommando geben sie den Ball an ihre Nachbarn, diese geben ihn gleichfalls weiter. Ist der Ball beim letzten Spieler angekommen, muß dieser den Ball auf den Boden werfen, ihn auffangen und an seinen Nachbarn zurückgeben. Der Ball wird wiederum, nun aber in umgekehrter Richtung, weitergegeben. Ist der Ball wieder beim ersten Spieler angelangt, muß dieser ihn über den Kopf heben.
Es siegt die Mannschaft, in der der Ball am schnellsten durchgegeben wurde.

Nadel und Faden

Für das Spiel werden 2 (100 bis 120 cm lange) Requisitennadeln sowie 2 Knäuel farbiger Schnur benötigt.
2 Mannschaften mit je 10 bis 12 Spielern treten in Linie zu einem Glied einander gegenüber an. Beide Spieler mit der Nummer 1 erhalten je eine Nadel, die letzten Spieler in jeder Mannschaft je ein Knäuel Schnur. Auf Kommando wird, das Knäul abwickelnd (der Spieler läßt es dabei nicht aus der Hand), das Ende der Schnur an der Linie entlang von einer Hand zur anderen weitergegeben. Ist es beim ersten Spieler angelangt, fädelt dieser es durch das Nadelöhr und gibt es nun in umgekehrter Richtung entlang der Linie zurück. Ist das Ende der Schnur wieder beim letzten Spieler angekommen und die durch die Nadel gezogene Schnur doppelt zusammengelegt, drehen sich alle Spieler nach rechts (oder nach links), gehen, den Faden festhaltend, schnell auf der Begrenzungslinie (die Grenzen müssen markiert sein) um das Spielfeld herum und kehren an ihren alten Platz zurück.
Es siegt die Mannschaft, die die Aufgabe als erste erfüllt hat.

Wettkämpfe zwischen zwei Spielern

Hahnenkampf

Dieses Spiel ist auf einer kleinen Spielfläche, deren Grenzen nicht überschritten werden dürfen, auszutragen.

Die Spieler stehen einander gegenüber auf einem Bein, die Arme vor der Brust verschränkt. Während sie auf einem Bein hüpfen, versuchen sie, den Gegner mit der Schulter anzustoßen, um ihn aus dem Gleichgewicht zu bringen und ihn zu

zwingen, das zweite Bein auf die Erde zu setzen. Wem das gelingt, der hat den Kampf gewonnen (1).

Die Spieler hocken sich hin, ziehen einen zusammengebundenen Gürtel (Band) fest über die Knie und stecken die Hände in die Kniekehlen. In dieser Stellung hüpfen sie auf Zehenspitzen und versuchen dabei, sich gegenseitig mit der Schulter umzustoßen (2).

Wer bei diesem Wettkampf aus dem Gleichgewicht gerät, hat den Kampf verloren.

Verliere nicht das Gleichgewicht!

Die Spieler stellen sich mit doppeltem Armabstand zueinander auf; sie sind einander zugewandt, und ihre Füße sind geschlossen.

Mit in Brusthöhe erhobenen Armen schlägt jeder der Reihe nach mit einer Hand oder mit beiden Händen auf die Hände

des Gegners (3). Dieser kann dem Schlag ausweichen, indem er unverhofft die Arme zur Seite nimmt.
Wer sich dabei von der Stelle bewegt, sei es auch nur mit einem Fuß, hat verloren.

Hinüberziehen mit dem Seil

Ein 1,5 bis 2 m langes Seil wird zusammengebunden. Die Spieler stellen sich mit dem Rücken zueinander auf und fassen mit den Händen den Seilring an. 1 m von jedem Spieler entfernt wird auf dem Boden eine Linie markiert. Jeder der Spieler versucht nun, den Gegner hinter seine Linie zu ziehen.

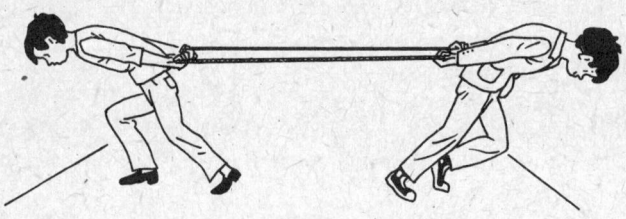

Wer schlägt den Puck heraus?

2 Kreise von 40 bis 50 cm Durchmesser werden auf die Erde gezeichnet; ihre Mittelpunkte sollen etwa 80 cm voneinander entfernt sein. Hinter den Kreisen nehmen 2 Spieler Aufstellung. Jeder von ihnen erhält einen Hockeyschläger. In die Mitte jedes Kreises wird ein Puck gelegt. Die Spieler müssen versuchen, den Puck aus dem Kreis des Gegners herauszuschlagen, den eigenen aber zu behalten.

Wer ergreift den Kegel?

Ein Kegel oder eine Keule wird auf einen Hocker gestellt. 8 bis 10 Schritt zu beiden Seiten vom Hocker erntfernt nehmen 2 Spieler, einander zugewandt, Aufstellung. Der Spielleiter gibt das Kommando, und jeder Spieler läuft los und versucht, als erster den Kegel vom Hocker zu nehmen.

Sechs Klötzchen

2 Spieler stellen sich an einer Linie auf. Vor ihnen sind jeweils 6 Klötzchen im Abstand von 1 m hintereinander aufgestellt worden.
Auf Kommando laufen die Spieler los, sammeln die Klötzchen ein und kehren zurück.
Es siegt der Spieler, der als erster zurückgekehrt ist und unterwegs kein einziges Klötzchen fallen gelassen hat.

Zieh das Seil zu dir!

Ein Seil, z. B. ein Springseil, wird auf die Erde gelegt. An seinen Enden nehmen 2 Spieler mit dem Rücken zueinander Aufstellung. 5 bis 6 Schritt von ihnen entfernt ist jeweils ein Fähnchen aufgestellt.
Der Spielleiter gibt das Kommando, und beide Spieler laufen zu ihren Fähnchen und versuchen, wenn sie zurückgekehrt sind, dem Gegner zuvorzukommen und das Seil auf ihre Seite zu ziehen.
Der Wettkampf wird 3mal wiederholt.

Klötzchen umwerfen

Eine 6 bis 8 m lange Linie wird auf den Boden gezeichnet und in Meter unterteilt. In die Mitte der Linie wird ein Klötzchen gestellt. 2 Spieler nehmen an den Enden der Linie Aufstellung und werfen der Reihe nach ihren Ball nach dem

Klötzchen. Wer mit dem Ball das Klötzchen umwirft, stellt es einen Meter näher zu sich heran.

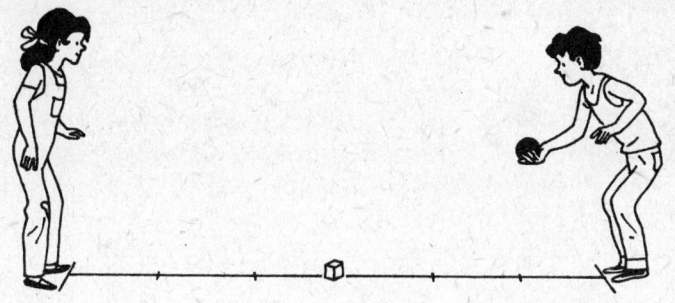

Es gewinnt der Spieler, dem es gelingt, das Klötzchen in sein Lager zu holen.

Zielscheibe auf Rädern

Auf einer Holzplattform mit Rädern oder auf einem großen Spielzeuglastkraftwagen wird mit einer Leiste eine Zielscheibe (20 × 20 cm) befestigt (S. 56, 1).
2 solche Zielscheiben werden 3 bis 4 m von den Spielern entfernt aufgestellt. Jeder Spieler versucht nun, mit seinem Ball die Zielscheibe so kräftig wie möglich zu treffen, damit diese wegrollt.
Es gewinnt der Spieler, der nach 10 bis 15 Würfen seine Zielscheibe am weitesten zurückgetrieben hat.
Man muß festlegen, ob die Spieler den Ball im Stehen, im Sitzen oder im Liegen werfen sollen.

Duell mit Tischtennisschlägern

Jeder Spieler hält einen Tischtennisschläger in den Händen. Auf jeden Schläger wird ein kleiner Würfel oder ein Bauklotz gelegt.
Die Spieler nehmen den Schläger in die linke Hand und halten ihn zur Seite. Auf Kommando versuchen sie, mit der rechten Hand den Würfel vom Schläger des Gegners zu nehmen, ohne

dabei den eigenen Würfel fallen zu lassen (2). Wem es 3mal hintereinander gelungen ist, den Würfel vom Schläger des Gegners zu nehmen, der ist Sieger.

Aufspulen

Für das Spiel benötigt man 2 kleine runde Stäbe und Spielzeug auf Rädern, z. B. 2 Pferde, die mit 6 bis 7 m langen Schnüren an den Stäben befestigt sind.

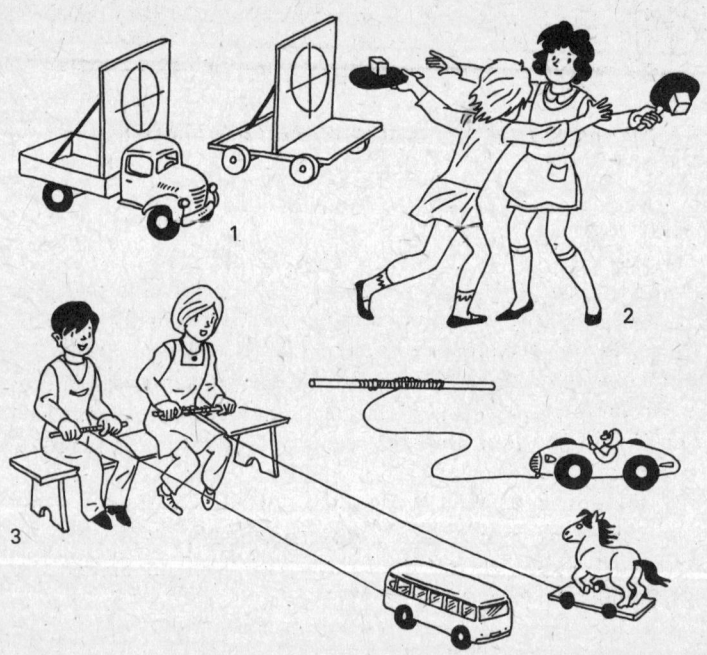

2 Spieler setzen sich nebeneinander; jeder nimmt einen Stab in die Hand. Die Pferde werden so weit weggestellt, daß sich die Schnur spannt. Auf Kommando beginnen die Spieler, die Schnur so schnell wie möglich auf die Stäbe aufzuspulen. Dabei müssen die Stabenden mit beiden Händen gehalten werden (3).
Wer als erster die Schnur aufgespult hat, ist Sieger.

Spiele mit kleinem Ball

In der Kindheit, besonders im jüngeren Schulalter, ist wohl die »Ballspielschule« eines der am weitesten verbreiteten Ballspiele. »Ballspielschule« nennt man ein System von Übungen mit kleinem Ball, deren Schwierigkeitsgrad sich allmählich erhöht.

Um die Kinder für die »Ballspielschule« zu begeistern, um sie zu veranlassen, zu üben und ihre Fertigkeiten zu vervollkommnen, führt man mit den Unterstufenschülern am besten einen Wettstreit um den Titel »Ballmeister« durch. Man sollte 3 bis 4 obligatorische Übungen (keine ganz einfachen, aber auch keine allzu schwierigen) auswählen, die jeder Wettbewerbsteilnehmer beherrschen muß. Dabei sollte man sich mit den Kindern beraten. Außerdem sollte allen die Möglichkeit gegeben werden, ein oder zwei Übungen nach eigener Wahl vorzuführen (natürlich möchte jeder eine besonders schwierige und wirkungsvolle Übung zeigen).

Es wird jedoch nicht sofort gelingen, alle Schüler für diesen Wettstreit zu gewinnen, dazu bedarf es einer gewissen Vorbereitung. Der Erzieher muß unter Beteiligung einiger Mädchen und Jungen, die recht komplizierte Übungen mit dem Ball ausführen können, verschiedenartige Wettbewerbe und Spiele durchführen (manchmal muß er einige Kinder eigens dafür vorbereiten).

Man beginnt mit der einfachsten Übung: »Wer kann den Ball hochwerfen und ihn mit beiden Händen wieder auffangen?« fragt der Erzieher die Kinder.

Das können alle, und sie sind auch bereit, das zu beweisen. Dann schlägt der Erzieher den Kindern kompliziertere Aufgaben vor: den Ball hochwerfen und ihn nur mit der rechten bzw. nur mit der linken Hand auffangen; den Ball hochwerfen, eine volle Drehung ausführen und ihn fangen usw.

Diese Übungen wird nicht jeder ausführen können. Doch die dafür vorbereiteten Kinder zeigen nun mühelos ihr Können.

Fast alle Kinder können den Ball mit der Handfläche so gegen den Boden prellen, daß er wieder zur Hand zurückspringt.

»Aber wer kann das im Gehen, im Laufen tun, kann dabei eine Acht um zwei Stühle beschreiben, ohne den Ball fallenzulassen?« fragt der Erzieher.

Nun erkundigt sich der Erzieher, wer gleichzeitig 2 Bälle mit beiden Händen prellen und vor sich her führen kann. Nur ein Mädchen kann das (es wurde eigens dafür vorbereitet), und es führt diese Übung vor.

Natürlich wirken die Beispiele anregend auf die übrigen Kinder. Auch sie möchten diese Übungen ausführen können. Der Erzieher empfiehlt nun allen zu üben, damit auch sie zu solchen Übungen imstande sind.

Man kann den Kindern sogar folgenden Wettkampf vorschlagen: Wer bricht als erster den von Thomas oder Marina aufgestellten Rekord? So werden die Kinder allmählich auf den Wettstreit vorbereitet. Darüber hinaus kann in der Vorbereitungsperiode eine Serie von Spielen mit kleinem Ball durchgeführt werden.

Übungen mit kleinem Ball

1. Den Ball hochwerfen und mit beiden Händen auffangen.
2. Den Ball hochwerfen, ihn von der Erde abprallen lassen und mit beiden Händen auffangen.
3. Den Ball hochwerfen, 1-, 2-, 3mal und öfter in die Hände klatschen und den Ball wieder fangen.
4. Den Ball kniend (auf einem oder beiden Knien) hochwerfen und fangen.
5. Den Ball hochwerfen, sich einmal um die eigene Achse drehen und ihn fangen.
6. Den Ball hochwerfen, ihn von der Erde abprallen lassen, ihn mit der flachen Hand auf die Erde prellen und mit beiden Händen fangen.
7. Den Ball hochwerfen und zuerst mit der rechten, dann mit der linken Hand fangen.
8. Den Ball mit der rechten Hand hochwerfen, mit der linken fangen, mit der linken Hand hochwerfen und mit der rechten fangen.
9. Den Ball mit der rechten Hand unter dem vorgestreckten

linken Arm hindurch hochwerfen und mit der rechten Hand fangen.

10. Den Ball mit der rechten Hand unter dem gebeugten linken (rechten) Bein hindurch hochwerfen und fangen.

11. Je einen Ball zuerst nacheinander mit der rechten und mit der linken Hand, dann beide Bälle mit beiden Händen gleichzeitig hochwerfen und wieder fangen.

12. In Grätschstellung stehen, sich vorbeugen, den Ball durch die Beine hindurch hochwerfen, sich umdrehen und den Ball wieder fangen (1).

13. In Grätschstellung stehen, die Arme in Seithalte, den Ball auf den linken Handteller legen und über den Kopf hinweg von der linken Hand in die rechte werfen und umgekehrt (2).

14. Den Ball mit der flachen Hand auf die Erde prellen, dabei zunächst am Platz bleiben, dann aber vor und zurück gehen und die Hände wechseln.

15. Den Ball auf die Erde prellend um sich herumführen, ohne sich von der Stelle zu rühren. (Dabei muß der Ball einmal vor und einmal hinter dem Körper von einer Hand in die andere gewechselt werden.)

16. Den Ball gegen eine Wand werfen und den abgeprallten Ball zuerst mit beiden Händen, dann mit der rechten und anschließend mit der linken Hand fangen.

17. Den Ball gegen eine Wand werfen, ihn auf den Boden fallen lassen und mit beiden Händen fangen.

18. Den Ball gegen eine Wand werfen, ihn mit beiden Handflächen zurückprellen und dann fangen.

19. Den Ball gegen eine Wand werfen, ihn mit beiden Handflächen 2- bis 3mal zurückprellen und fangen.

20. Den Ball gegen eine Wand werfen, ihn mit einer Handfläche (der rechten oder der linken) zurückprellen und fangen.

21. Den Ball so zu Boden werfen, daß er von dort gegen die Wand prallt und ihn dann fangen.

22. Mit dem Rücken zur Wand in Grätschstellung stehen, sich vorbeugen, den Ball durch die Beine hindurch gegen die Wand werfen, sich aufrichten, umdrehen und den zurückprallenden Ball fangen (S. 59, 3).

Montag — Dienstag — Mittwoch

Mit Hilfe eines Abzählreims wird die Reihenfolge der Spieler festgelegt. Die Spieler werfen den Ball hoch und fangen ihn wieder auf, dabei nennen sie nacheinander alle Wochentage: Montag, Dienstag, Mittwoch usw. (bei jedem Wurf einen Tag). Hat der erste Spieler alle Wochentage genannt, gibt er (auch wenn er Fehler gemacht hat) den Ball an den nächsten Spieler weiter. Haben alle Spieler diese Übung absolviert, werden die Fehler zusammengezählt. Sieger sind die Spieler mit den wenigsten Fehlern.

Varianten: Beim Hochwerfen können die Monatsnamen genannt werden: Januar, Februar, März usw. oder es kann dabei das Alphabet aufgesagt werden.

Verliere nicht den Ball!

2 Spieler stellen sich nebeneinander. Ein Spieler prellt den Ball 10mal hintereinander mit der flachen Hand auf den Boden und gibt ihn beim 11. Mal (ohne das Spiel zu unterbrechen) an den zweiten Spieler ab. Sobald dieser den Ball 10mal auf die Erde geprellt hat, gibt er ihn wieder an den ersten Spieler zurück.

Das geschieht so lange, bis einer von ihnen den Ball verliert. Wer den Ball fallen läßt, scheidet aus, und ein anderer Spieler setzt den Wettstreit fort. Wer sich bei diesem Spiel am längsten behauptet, ist Sieger.

Variante 1: Die Spieler gehen beim Prellen z. B. um einen Stuhl herum, kehren wieder an ihren alten Platz zurück und geben den Ball an den zweiten Spieler ab.

Variante 2: Man kann das Spiel mit mehreren Spielerpaaren gleichzeitig durchführen. Es siegt dann das Paar, das den Ball länger als die anderen zu halten vermag.

Ballmeister

Ist die Vorbereitung abgeschlossen, kann der Wettkampftag festgesetzt werden.

Beim Wettkampf müssen alle Teilnehmer nacheinander ihr Können demonstrieren: Sie müssen 3 bis 4 obligatorische Übungen, jede 3mal (einige zuerst mit der rechten, dann mit der linken Hand), sowie ein oder zwei Übungen nach eigener Wahl ausführen.

Die Ergebnisse werden von einer Jury bewertet. Den Siegern wird der Titel »Ballmeister« verliehen. Ein gemeinsames Ballspiel mit Musikbegleitung (das Spiel muß vorher mit den Kindern einstudiert werden) kann diesen Wettkampf beschließen.

Bunter, schneller, kleiner Ball

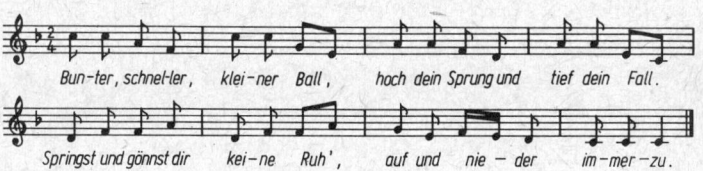

Bunter, schneller, kleiner Ball,
hoch dein Sprung und tief dein Fall.
Springst und gönnst dir keine Ruh',
auf und nieder immerzu.

Sprung auf Sprung und dicht bei dicht,
bis zur Decke springst du nicht.
Sprung auf Sprung am gleichen Ort,
gehst von unsrer Hand nicht fort.

Die Spieler bilden einen Kreis, singen gemeinsam das Lied und
werfen dabei gleichzeitig ihre Bälle hoch.
Bunter, schneller, — (den Ball hochwerfen und fangen)
kleiner Ball, — (den Ball hochwerfen und fangen)
hoch dein Sprung — (den Ball hochwerfen und fangen)
und tief dein Fall. — (den Ball hochwerfen und fangen)
Springst und gönnst dir — (den Ball auf den Boden werfen
und zurückprellen)
keine Ruh', — (den Ball 2mal zurückprellen)
auf und nieder — (den Ball 2mal zurückprellen)
immerzu. — (den Ball zurückprellen und fangen)
Sprung auf Sprung — (den Ball hochwerfen und fangen)
und dicht bei dicht, — (den Ball hochwerfen und fangen)
bis zur Decke — (den Ball hochwerfen und fangen)
springst du nicht. — (den Ball hochwerfen und fangen)
Sprung auf Sprung — (den Ball auf den Boden werfen und
zurückprellen)
am gleichen Ort, — (den Ball 2mal zurückprellen)
gehst von unsrer — (den Ball 2mal zurückprellen)
Hand nicht fort. — (den Ball zurückprellen und fangen)
Das Spiel wird 2- bis 3mal wiederholt. Bei jeder Wiederholung
können die Übungen komplizierter werden, z. B. den Ball nur
mit der rechten bzw. nur mit der linken Hand oder abwechselnd mit der rechten und mit der linken Hand prellen,
auf einem Bein stehend spielen usw.

Spiele mit dem Springseil

Ebenso wie die »Ballspielschule« haben Übungen mit dem
Springseil zu allen Zeiten die Kindheit begleitet. Sie entwik-
keln und trainieren solche Eigenschaften, wie schnelle, leichte
und elastische Bewegungen, Ausdauer, Aufmerksamkeit und

Rhythmusempfinden. Viele Sportler bereiten sich unter anderem auch mit Seilspringen auf einen Leichtathletik- oder Boxwettkampf vor. Und welche schönen und komplizierten Übungen mit dem Springseil sind bei Wettkämpfen in der Leistungsgymnastik zu sehen! Davon sollte man den Kindern erzählen, um ihr Interesse für das Seilspringen zu wecken.

Mit dem Springseil springen können fast alle Mädchen im schulpflichtigen Alter, doch längst nicht alle Jungen. Dabei ist es wichtig, auch diese für das Seilspringen zu begeistern.

Wie beim Training mit dem Ball, kann ein bevorstehender Wettstreit um den Titel »Springseilmeister« die Kinder stimulieren, regelmäßig Seilspringen zu üben. Doch führen die Kinder gewöhnlich nur die einfachsten Übungen mit dem Springseil aus. Der Erzieher muß ständig die Aufgabe erschweren: nicht nur auf der Stelle springen, sondern auch im Gehen, im Laufen, nur mit dem rechten oder dem linken Bein springen, einmal hochspringen und dabei das Springseil zweimal herumschwingen, zu zweit springen (dabei einander gegenüber bzw. hintereinander stehen), zu dritt mit 2 Springseilen springen usw. Die Sprünge müssen weich und federnd sein und auf den Zehenspitzen ausgeführt werden.

Man muß solche Übungen auswählen, die beim Wettkampf für alle obligatorisch sein werden. Außerdem sollte man den Kindern die Möglichkeit geben, kompliziertere Übungen zu trainieren und sie dann beim Wettkampf vorzuführen. In Vorbereitung des Wettkampfes können auch einige Spiele mit dem Springseil durchgeführt werden.

Das kurze Springseil muß der Größe des Kindes entsprechen. Die nötige Länge kann jeder selbst bestimmen: Man stellt sich auf die Mitte des Springseils, grätscht die Beine in Schulterbreite und zieht das Seil am Körper entlang straff. Die Seilenden müssen dann bis zur Gürtellinie reichen. Ein langes Springseil muß 5 bis 6 m lang und 10 bis 12 mm stark sein.

Übungen mit kurzem Springseil

1. Das Springseil von hinten nach vorn schwingen und darüber hinwegsteigen — anfangs langsam, dann immer schneller.

2. Gleichzeitig mit beiden Beinen über das Seil springen.
3. Mit gekreuzten Beinen über das Seil springen (1).
4. Mit gegrätschten Beinen über das Seil springen.

5. Beim Springen ein Bein vorstellen (2).
6. Hochspringen und beim Herumschwingen des Seils die Seilgriffe in den Händen vertauschen.

7. Beim Springen das Seil 2mal herumschwingen.

8. In halber Kniebeuge springen (S. 64, 3).

9. Auf einem Bein hüpfen (abwechselnd 2mal auf dem linken, 2mal auf dem rechten Bein).

10. Auf einem Bein hüpfen und das andere Bein vorgestreckt, zurückgestreckt oder zur Seite gestreckt halten.

11. Beim Seilspringen laufen.

12. In seitlicher Richtung hüpfen (S. 64, 4): nach rechts (den rechten Arm hinten, den linken vorn halten) oder nach links (den linken — hinten, den rechten — vorn).

13. Beide Seilenden mit einer Hand halten, das Seil über dem Boden kreisen lassen und darüberspringen (S. 64, 5).

14. Zu zweit nebeneinander über das Seil springen, dabei das Springseil mit den freien Händen drehen (S. 64, 6,7).

15. Zu zweit hintereinander über das Seil springen (das Springseil dreht der vordere oder der hintere Partner).

16. Zu zweit, das Gesicht einander zugewandt, über das Seil springen (S. 64, 8).

17. Zu dritt über das Seil springen, wobei die beiden äußeren Kinder das Springseil für das in der Mitte springende Kind mitführen (S. 64, 9).

Übungen mit langem Springseil

1. Auf Zehenspitzen über das kreisende Seil springen. Das Seil wird anfangs langsam, dann immer schneller gedreht.

2. Auf beiden Beinen, dann auf einem Bein über das Seil springen.

3. Über das Seil springen und dabei in der Luft eine viertel bzw. eine halbe Drehung ausführen.

4. Über das Seil springen, dabei die Arme in Vorhalte, in Seithalte oder über dem Kopf erhoben.

5. Unter dem kreisenden Seil hindurchlaufen.

6. Über das Seil springen, sich umdrehen und nach vorn weglaufen.

7. Über das Seil springen, sich nach einem auf der Erde liegenden Gegenstand bücken und nach vorn oder hinten weglaufen.

8. Ein Kind springt unablässig von einer Seite über das Seil, ein anderes läuft von der anderen Seite darunter hindurch (1). Haben beide das Seil passiert, laufen sie um die das Seil haltenden Kinder herum und beschreiben auf diese Weise eine Acht.

9. Über das Seil springen und zugleich einen Ball hochwerfen und fangen (2).

10. Über ein kurzes Springseil und gleichzeitig im richtigen Moment über das lange Seil springen (3).

11. Zu zweit oder zu dritt über das Seil springen oder unter dem Seil hindurchlaufen.

Springseilstaffel

2 oder 3 Mannschaften treten an der Start- und Ziellinie in Reihe an. 15 bis 20 m von dieser Linie entfernt wird für jede Mannschaft ein Fähnchen aufgestellt. Die Spieler mit der

Nummer 1 erhalten je ein kurzes Springseil. Auf Kommando laufen sie los, springen dabei unentwegt über das Seil, laufen um das Fähnchen herum, kehren zurück und übergeben das Springseil an den nächsten Spieler. Dieser begibt sich auf die gleiche Weise zum Fähnchen, läuft wieder zurück usw. Hat das letzte Mannschaftsmitglied die Ziellinie erreicht, hebt es das Springseil hoch.

Es gewinnt die Mannschaft, die die Staffel als erste beendet hat.

Staffel mit langem Springseil

4 bis 5 Schritt voneinander entfernt treten 2 Mannschaften in Reihe an. 5 bis 6 Schritt vor jeder Reihe stehen jeweils 2 Spieler mit je einem langen Springseil.

Der Spielleiter gibt das Kommando, und die beiden Spieler beginnen, das Springseil gleichmäßig in Richtung ihrer Mannschaft zu drehen.

In demselben Augenblick laufen die Spieler mit der Nummer 1 los; sie laufen unter dem Seil hindurch, kehren zurück, schlagen die zweiten Spieler an und stellen sich an das Ende der Reihe.

Danach laufen die Spieler mit der Nummer 2 los, dann die Spieler mit der Nummer 3 usw.

Wer das Seil berührt, muß umkehren und seinen Versuch wiederholen.

Es siegt die Mannschaft, die diese Staffel als erste beendet hat.

Bei der Wiederholung des Spiels werden die Spieler, die das Seil bewegt haben, durch andere Spieler ersetzt.

Springseilmeister

Ebenso wie um den Titel «Ballmeister» kann man den Wettkampf um den Titel »Springseilmeister« durchführen.

Abschluß eines solchen Wettstreits kann ein Seilspringen mit Musik sein, das vorher einzustudieren und sorgfältig zu proben ist.

Tun gemeinsam jeden Schritt

Tun gemeinsam jeden Schritt,
und das Springseil, das muß mit.
Eins, zwei, drei, vier,
fünf, sechs, sieben. Halt!

Paß gut auf und hör den Rat:
Stolpre nicht und halt dich grad.
Eins, zwei, drei, vier,
fünf, sechs, sieben. Halt!

Häslein springt dort hinterm Strauch,
und der Fuchs im Dickicht auch.
Eins, zwei, drei, vier,
fünf, sechs, sieben. Halt!

Auch am Mühlteich, hinterm Wehr,
springt das Wasser hin und her.
Eins, zwei, drei, vier,
fünf, sechs, sieben. Halt!

Und auch wir wolln darum nun
springen, ohne auszuruhn.
Eins, zwei, drei, vier,
fünf, sechs, sieben. Halt!

Eins, zwei, drei, vier, fünf, sechs, sieben,
laßt uns alle springen üben.
Eins, zwei, drei, vier, fünf, sechs, sieben.

Jedes Kind erhält ein kurzes Springseil. Bei den Worten »Tun
gemeinsam jeden Schritt, und das Springseil, das muß mit«
gehen alle Kinder in einer Reihe (oder in zwei Reihen) hintereinander und halten die Springseile auf den Schultern. Bei den

68

Worten »Eins, zwei, drei, vier ...« springen alle 7mal hintereinander über das Seil, wobei sie laut die Zahlen rufen. Das
geschieht alle 6 Strophen hindurch.

Spiele unterwegs

Kreislauf

Die Spieler gehen paarweise in gemäßigtem Schritt einen Weg
entlang. Auf Kommando trennt sich das letzte Paar von der
Kolonne: Ein Kind geht links, das andere rechts an der
Kolonne entlang. Haben sie die anderen Kinder überholt
(allerdings dürfen sie nicht rennen), setzen sie sich als erstes
Paar an die Spitze. Erneut gibt der Leiter ein Kommando.
Wiederum trennt sich das letzte Paar von der Kolonne, beschleunigt seine Schritte und überholt die anderen. Das wird
so lange fortgesetzt, bis alle Paare an der Reihe waren.
Variante 1: Die Kinder gehen in Reihe und überholen einzeln
die Kolonne.
Variante 2: Die Kinder dürfen im Laufschritt die Kolonne
überholen. In diesem Fall sind keine Kommandos des Spielleiters notwendig. Der Letzte der Kolonne beobachtet den
Laufenden aufmerksam und läuft los, sobald sich dieser an
die Spitze der Reihe gesetzt hat.

Wer beobachtet am besten?

Die Kinder müssen schweigend gehen, sich dabei aufmerksam
umschauen und versuchen, sich alles, was sie sehen, einzuprägen. In der Stadt können das die Straßen sein, durch die
sie gehen, oder bestimmte Hausnummern oder Institutionen,
Geschäfte, Kioske, an denen sie vorbeikommen. Die Kinder
können sich auch merken, ob unter den Passanten Soldaten
und Offiziere, Mütter oder Väter mit Kindern (im Kinder-
wagen oder auf dem Arm) waren usw. Man kann auch 3 bis
4 Minuten lang vor einem Schaufenster stehenbleiben, um sich
die ausgestellten Waren einzuprägen. Auf einer Dorfstraße

können die Kinder auf die Wegweiser, auf entgegenkommende Autos (Pkw, Lkw), auf die Gebäude links und rechts der Straße usw. achten.

Am Ziel oder bei einer Rast kann man die Kinder Fragen zu diesen Beobachtungen beantworten lassen. Wer sich die meisten Details eingeprägt hat, ist Sieger.

Im Laufschritt um die Kolonne

Die Spieler gehen paarweise oder einzeln in Reihe einen Weg entlang. An ihrer Seite geht der Fänger. Auf Kommando tippt der Fänger ein Kind an und läuft um die Kolonne herum. Der berührte Spieler muß in entgegengesetzter Richtung gleichfalls um die Kolonne herumlaufen.

Wer als erster an dem freien Platz ankommt, bleibt in der Formation; der andere Spieler wird Fänger.

Fangen beim Gehen

Die Spieler gehen paarweise einen Weg entlang. 5 bis 6 Schritte vor der Kolonne geht der Fänger. Auf Kommando sprechen alle im Chor:

Wir laufen gern und springen hoch.
Na, versuch's und fang uns doch!

Beim letzten Wort trennt sich das letzte Paar von der Kolonne. Beide Kinder laufen an der Kolonne entlang (einer links, der andere rechts von ihr), setzen sich an ihre Spitze und fassen einander bei den Händen. Der Fänger muß einen von ihnen abschlagen, bevor sich die Spieler wieder anfassen. Gelingt ihm das, bildet er mit dem zweiten Spieler das Paar an der Spitze der Kolonne, gelingt ihm das nicht, bleibt er Fänger.

Entfernung schätzen

Während eines Spaziergangs läßt der Spielleiter die Kinder für kurze Zeit haltmachen, zeigt auf einen Baum und fordert sie auf, die Entfernung bis zu diesem Baum zu schätzen (in Schritten). Die Kinder nennen verschiedene Zahlen. Dann

werden die Antworten überprüft: Der größte Junge bzw. das größte Mädchen wird beauftragt, die Strecke bis zum Baum abzuschreiten und die Schritte zu zählen.
Wer am genauesten geschätzt hat, ist Sieger.
Dann wird ein anderes Objekt anvisiert und das Spiel fortgesetzt.

Spiele bei der Rast

Wer hat ein gutes Gedächtnis?

Die Spieler werden in 2 Mannschaften eingeteilt und setzen sich mit dem Rücken zueinander auf einen freien Platz. Innerhalb von 5 bis 10 Minuten sollen sich die Kinder alles, was sie vor sich sehen, genau einprägen. Dann tauschen die Mannschaften ihre Plätze (alle Kinder sehen jetzt in die entgegengesetzte Richtung). Der Spielleiter läßt nun die Kinder berichten, was sie sich eingeprägt haben, er stellt ihnen Fragen über Objekte, die sich hinter dem Rücken der Kinder befinden, und auch die Spieler stellen einander Fragen. So müssen sie z. B. ein Haus beschreiben und sagen, ob es viele Fenster hat, ob auf dem Dach eine Antenne angebracht ist, was für Maschinen (Traktor, Mähdrescher) sich im Blickfeld befinden, ob das Gras auf der Wiese gemäht ist usw. Für jede richtige Antwort gibt es einen Punkt.
Es siegt die Mannschaft mit den meisten Punkten.

Triff das Ziel!

Mit Hilfe eines Pflocks und einer 4 bis 5 m langen Schnur werden 3 konzentrische Kreise mit einem Radius von 4,5 m, 1,5 m und 1 m auf dem Boden markiert.
An diesem Spiel können sich 2 Mannschaften von je 10 bis 15 Kindern beteiligen. Die Mitglieder der ersten Mannschaft nehmen in einem großen Kreis um die markierten Kreise mit einem Abstand von 1 bis 2 Schritt zueinander Aufstellung; jeder Spieler erhält eine Nummer. Dann verbinden ihnen die

Spieler der zweiten Mannschaft die Augen. Nun ruft der Spielleiter die Spieler in beliebiger Reihenfolge nach Nummern auf. Der Aufgerufene muß in den Kreis treten und dort stehenbleiben, wo sich, seiner Meinung nach, der Mittelpunkt der Kreise befindet. Sind alle Spieler der ersten Mannschaft in den vermeintlichen Kreismittelpunkt getreten, nehmen sie die Augenbinden ab. Wer im Mittelpunkt steht, erhält 5 Punkte, wer sich im nächsten Kreis befindet, 3 Punkte. Danach tauschen beide Mannschaften die Rollen.
Es siegt die Mannschaft, deren Spieler die meisten Punkte erreicht haben.

Komm zur rechten Zeit zurück!

Der Spielleiter läßt alle Kinder in Linie zu einem Glied antreten und fordert sie dann auf, wegzugehen und nach genau 5 Minuten zurückzukommen. Er stoppt die Zeit, die jeder Spieler fort war, und nennt die Ergebnisse. Das Spiel wird 2- bis 3mal wiederholt. Es siegen die Kinder, die die Zeit am genauesten schätzen konnten. Danach kann man die Kinder auffordern, nach genau 7, 10, 15 Minuten usw. zurückzukommen.

Variante 1: Man kann jedem Kind einen Zettel geben, auf dem die Anzahl der Minuten, die es wegbleiben soll (2, 3, 5 Minuten usw.), notiert ist.

Variante 2: Der Spielleiter kann sich mit den Kindern niedersetzen und in unterschiedlichen Zeitabständen (nach einer halben Minute, nach 2 Minuten usw.) Zeichen geben. Die Spieler müssen dann sagen, wieviel Zeit inzwischen vergangen ist.

Spiele in Park und Wald

Fähnchen suchen

Auf einem kleinen Park- oder Waldabschnitt mit vielen Sträuchern, Bäumen, Bänken usw. versteckt der Spielleiter mehrere Fähnchen.

15 bis 20 Minuten lang dürfen die Spieler nach diesen Fähnchen suchen. Dann gibt der Spielleiter ein Zeichen, und jeder, der ein Fähnchen gefunden hat, händigt es ihm aus. Für jedes Fähnchen wird ein Punkt vergeben.

Verstecken

Auf einer Lichtung verbindet der Spielleiter einem Spieler, dem Fänger, für 5 Minuten die Augen. In dieser Zeit müssen alle anderen Spieler in verschiedene Richtungen davonlaufen und sich verstecken. Sie dürfen sich aber nur so verstecken, daß sie, wenn sie aus ihren Verstecken herauskommen, auch im Blickfeld des Fängers sind.
Der Fänger versucht nun, ohne die Lichtung zu verlassen, die Versteckten zu entdecken. Gibt der Spielleiter das Zeichen für das Ende des Spiels, stehen alle Spieler, die nicht gefunden wurden, auf, ohne ihren Platz zu verlassen.
Sieger wird der Spieler, der dem Fänger am nächsten war und nicht entdeckt wurde.

Man hört uns nicht und sieht uns nicht

Ein Spieler, der Fänger, setzt sich mit verbundenen Augen auf die Erde. Die übrigen Spieler nehmen 20 Schritt von ihm entfernt im Kreis Aufstellung. Nun zeigt der Spielleiter auf einen Spieler, und dieser versucht, sich vorsichtig dem Fänger zu nähern. Vernimmt der Fänger Schritte oder ein Geräusch, muß er in die Richtung zeigen, aus der das Geräusch kommt. Hat er die Richtung richtig angegeben, wird der Spieler, der das Geräusch verursacht hat, zum Fänger.
Sieger ist der Spieler, der dicht an den Fänger herankommt und seine Schulter berührt.

Freund, Freundchen, laß mir dein Bäumchen!

Bei diesem Spiel sind alle Spieler Eichhörnchen. Jedes hat seinen eigenen Baum, nur ein Eichhörnchen nicht — der Fänger. Dieser geht auf den Baum eines beliebigen Eichhörn-

chens zu und bittet: »Freund, Freundchen, laß mir dein Bäumchen!« Daraufhin läuft das Eichhörnchen nach rechts, der Fänger nach links. Sie laufen im Außenkreis um alle Bäume herum und berühren jeden.
Das Eichhörnchen, das als erstes an dem Baum anlangt, bei dem der Lauf begonnen hat, bleibt unter ihm stehen. Das Eichhörnchen, das ohne Baum geblieben ist, wird Fänger.

Zeichen setzen

An diesem Spiel können sich 10 bis 12 Spieler beteiligen. Jedes Kind stellt sich neben einen Baum und bewacht ihn. 3 Bäume bleiben ohne Wächter, aber die Spieler müssen auch diese Bäume beschützen. Die Aufgabe des Spielführers besteht darin, an den Baumstämmen mit Kreide 5 Zeichen anzubringen, doch jeweils nur an einem Baum, der gerade unbewacht ist, d. h. von keinem der Wächter berührt wird. Da 3 Bäume keinen ständigen Wächter haben, müssen die Spieler pausenlos von einem Baum zum anderen laufen. Der Spielführer muß nun versuchen, der Wache zuvorzukommen, doch darf er jedesmal nur ein Zeichen setzen. Gelingt es dem Spielführer in der vorgegebenen Zeit nicht, die Aufgabe zu erfüllen, wird er durch einen anderen Spieler ersetzt, der die Zeichen nur noch zu ergänzen braucht.
Bei einer Wiederholung des Spiels müssen die Zeichen verändert werden (Kreuz, Kreis u. a.).

Holzklotz

Die Spieler bilden um einen Holzklotz einen Kreis, fassen einander bei den Händen und sagen im Chor:
   Der Holzklotz dort
   steht fest am Ort.
   Bleibt er nicht stehn,
   dann mußt du gehn.
Ist das Lied zu Ende, beginnen alle um den in der Mitte stehenden Holzklotz herumzutanzen. Dabei ist jeder bestrebt, seine Nachbarn zum Holzklotz zu ziehen, damit diese ihn

umwerfen; denn wer den Holzklotz umwirft, muß ausscheiden. Dann beginnt das Spiel von vorn.

Spiele auf einem Spielfeld

Kartoffellauf

3 oder 4 Spieler erhalten je einen Eßlöffel sowie eine runde Kartoffel oder einen kleinen Ball. Sie stellen sich an der Startlinie auf, laufen auf Kommando des Spielleiters mit der Kartoffel auf dem Löffel bis zu einer vereinbarten Stelle (Fähnchen oder Pflock) und kehren zurück. Fällt die Kartoffel herunter, müssen sie sie aufheben, wieder auf den Löffel legen und den Lauf fortsetzen. Das Spiel wird 3- bis 4mal (mit anderen Teilnehmern) wiederholt.

Zu zweit auf drei Beinen

Mehrere Spielpaare wetteifern miteinander.
Die Spieler jedes Paares stellen sich nebeneinander und legen sich gegenseitig die Hände auf die Schultern. Dann binden andere Spieler das rechte Bein des einen mit dem linken Bein des anderen unterhalb der Knie zusammen (S. 76, 1). Auf Kommando laufen die Paare bis zur Ziellinie und kehren zurück.
Das Paar, dem das als erstes gelingt, hat gewonnen.
Variante: Die Spieler jedes Paares fassen sich bei den Händen; auf ihre Schultern wird ein großer Ball gelegt, und zwar so, daß ihn jeder mit dem Kopf festhalten kann (S. 76, 2). In dieser Haltung müssen sie mehrere Meter gehen und wieder zum Ausgangspunkt zurückkehren.
Fällt jedoch der Ball herunter, müssen die Spieler von vorn beginnen.

Launische Last

Für dieses lustige Spiel sind zwei hölzerne Ständer und ein Hütchen anzufertigen. Dieses Hütchen besteht aus einem

Kartonkegel, dessen unteren Rand man an mehreren Stellen einschneidet, nach außen biegt und zwischen Pappringen befestigt. Das Hütchen wird über einen Ständer gestülpt.

Der Spieler soll nun mit 2 Stäbchen das Hütchen vom Ständer nehmen, es bis zum zweiten Ständer tragen und dann diesem überstülpen (3).

Geländelauf mit Ball oder Reifen

Für das Spiel sind 12 bis 15 Pflöcke (z. B. Pflanzhölzer) im Abstand von jeweils 1 m in den Boden zu stecken.

Nacheinander legt jeder Spieler seinen Ball auf die Startlinie und führt ihn mit dem Fuß bis zum Ende der Bahn und zurück; dabei ist der erste Pflock von rechts, der zweite von links zu umgehen usw. (S. 76, 4). Ist der Ball zur Seite gerollt, muß man ihn an seinen Platz zurückholen und das Spiel fortsetzen.

Wer am schnellsten die Strecke mit dem Ball zurückgelegt hat, ist Sieger.

Variante: Man kann auch einen Reifen mit einem Stock treiben und ihn um die Pflöcke (den einen von rechts, den anderen von links) herumführen.

Auf künstlichem Pfad

An diesem Wettkampf können sich 2 oder 3 Spieler gleichzeitig beteiligen. Jeder von ihnen erhält 4 kleine Brettchen. Der Spieler stellt sich mit beiden Füßen auf 2 dieser Brettchen, legt die beiden anderen Brettchen vor sich hin und tritt darauf. Die nun freigewordenen Brettchen hebt er auf und legt sie wieder vor sich hin usw. (S. 76, 5).

Auf diese Weise muß er bis zu einer vereinbarten (höchstens 8 bis 10 m entfernten) Stelle gehen und wieder umkehren.

Es siegt, wer das als erster geschafft hat.

Spiel mit Sand

An diesem Wettkampf können 2 oder 3 Spielerpaare teilnehmen. Jedes Paar hat ein Holzbrett mit einem Häufchen Sand vor sich liegen. 10 bis 15 Schritt von ihnen entfernt werden je 3 bis 4 Buddeleimer oder kleine Pappkartons aufgestellt.

Der Spielleiter gibt das Kommando, und das Spiel beginnt: Ein Spieler eines jeden Paares hält ein Säckchen auf, der zweite füllt es mit Sand (S. 76, 6). Dann läuft der erste Spieler zu den Eimern, schüttet den Sand hinein, kehrt zurück, übergibt das Säckchen dem zweiten Spieler und hilft diesem, es mit Sand zu füllen. Nun läuft der zweite Spieler zu den

Eimern und schüttet den Sand aus. Das wird abwechselnd so lange fortgesetzt, bis alle Eimer bis zum Rand mit Sand gefüllt sind.

Das Paar, das die Aufgabe zuerst erfüllt hat, ist Sieger.

Geschickte Sammler

3 oder 4 Spieler nehmen an der Startlinie Aufstellung. Jeder muß zu seinen Füßen eine kleine Grube graben (oder auf der Erde einen Kreis markieren). Vor jedem Spieler liegen jeweils im Abstand von 1 m 8 bis 10 Steine: der erste 1 m, der zweite 2 m von der Startlinie entfernt usw.

Auf Kommando laufen die Spieler los, heben den ersten Stein auf, kehren zurück und legen ihn in die Grube, dann holen sie den zweiten Stein und legen ihn in die Grube, dann den dritten Stein usw.

Wer als erster alle seine Steine zusammengetragen hat, ist Sieger.

Laß dir Zeit!

Für dieses Spiel werden Fahrräder benötigt.

Der Spielleiter grenzt mit einer Schnur eine Wettkampfbahn von 10 bis 25 m Länge ab. 2 oder 3 Radfahrer nehmen an der Startlinie Aufstellung. Auf Kommando besteigen sie die Fahrräder und bemühen sich, so langsam wie möglich zu fahren, ohne dabei das Gleichgewicht zu verlieren. Wer einen Fuß auf die Erde setzt, muß ausscheiden.

Das Spiel wird mehrere Male (mit anderen Spielern) wiederholt.

Zielwerfen

Für das Spiel sind 5 bis 6 faustgroße Säckchen aus festem Stoff zu nähen und mit Sand oder Erbsen zu füllen. Außerdem ist ein kleiner quadratischer Tisch auf dem Spielfeld aufzustellen. Die Spieler nehmen einige Schritte vom Tisch entfernt Aufstellung und werfen der Reihe nach die Säckchen so, daß sie auf der Tischplatte landen und dort liegenbleiben. Für jeden Treffer werden Punkte vergeben.

Ein Korb als Zielscheibe

An den Ast eines Baumes wird ein kleiner Korb gehängt und in Bewegung gesetzt. 2 Spieler stellen sich in 3 bis 4 m Entfernung von dem pendelnden Korb auf und werfen beliebige kleine Gegenstände hinein, ein Spieler z. B. Steinchen, ein anderer Eicheln oder Tannenzapfen u. a. Hört der Korb auf zu pendeln, wird der Inhalt des Korbes gesichtet.
Wer die meisten Gegenstände in den Korb geworfen hat, ist Sieger.

Hindernisrennen mit Rad oder Roller

Für diesen lustigen Wettkampf muß das Spielfeld vorbereitet werden: Alle Hindernisse und Geräte (ein schwankendes Brett, ein Tor, Stützen, Kegel u. a.) sind auf dem Platz zu verteilen. In der Mitte des Spielfeldes wird ein Tisch für die Jury aufgestellt. Jede erfolgreich absolvierte Übung wird mit Punkten honoriert.
Folgende Aufgaben sind von den Radfahrern zu lösen:
1. Zwischen 2 Reihen von Kegeln (Keulen, Fähnchen) hindurchfahren, ohne sie umzuwerfen.
2. Eine Reihe von 1 bis 2 m voneinander entfernten Kegeln in Schlangenlinie umfahren: einen Kegel von rechts, den anderen von links (S. 80, 1).
3. Über ein auf einer runden Unterlage liegendes schwankendes Brett (3—4 m lang, 25—50 cm breit) fahren (S. 80, 2).
4. Während der Fahrt einen rechts stehenden Kegel aufheben und ihn auf einen links stehenden kleinen Tisch oder Stuhl stellen.
5. Während der Fahrt einen Ring von einem links hängenden Haken herunternehmen und ihn rechts auf einen Haken hängen.
6. Durch ein Tor fahren, ohne einen an einer Schnur in der Mitte des Tores hängenden Ball zu berühren.

Der Schwierigkeitsgrad bei der Erfüllung der genannten Aufgaben hängt von der Breite der Bahn, vom Abstand zwischen den Kegeln, von der Höhe des Tores, der Breite des schwankenden Brettes usw. ab. Der Spielleiter muß bei der Festlegung der Schwierigkeiten das Alter der Spieler berücksichtigen.

Die Wettkampfteilnehmer fahren nacheinander in kurzen Zeitabständen über die Bahn. Wer dabei die höchste Punktzahl erzielt hat, ist Sieger.

Altbekannte Spiele

Schlagball

Schlagball ist eins der bekanntesten und beliebtesten Volksspiele. In der hier angeführten vereinfachten Variante können es auch jüngere Schulkinder spielen.

Für das Spiel benötigt man einen kleinen Gummiball und ein Schlagholz — einen runden, 60 bis 70 cm langen Stock von etwa 3 cm Durchmesser. 5 bis 12 Spieler können an diesem Spiel teilnehmen.

An den beiden gegenüberliegenden Enden eines Spielfeldes werden 2 Linien gezogen — die Schlagmallinie und die Schrägraumlinie. Der Abstand zwischen ihnen (das Lauffeld) sollte mindestens 40 Schritt betragen. Die Spieler wählen aus ihren Reihen einen Schläger und einen Zuwerfer, die sich an der Schlagmallinie aufstellen; die übrigen Spieler nehmen an verschiedenen Stellen des Lauffeldes Aufstellung. Der Zuwerfer wirft dem Schläger den Ball zu, dieser schlägt ihn mit dem Schlagholz ins Lauffeld (wurde der Ball schlecht zugeworfen, darf er auf den Schlag verzichten). Dann läßt der Schläger das Schlagholz fallen, läuft zur Schrägraumlinie und kehrt von dort wieder zur Schlagmallinie zurück. Dabei darf er sich nicht abwerfen lassen. Wurde er nicht getroffen, darf er abermals den Ball mit dem Schlagholz wegschlagen. Wurde er jedoch während des Hinüberlaufens abgeworfen, so wird er Zuwerfer, und der frühere Zuwerfer wird Schläger. Fängt ein Feldspieler (Läufer) den Ball im Fluge, tritt er an die Stelle des Schlägers, und dieser gesellt sich zu den Feldspielern. Man darf den Schläger nur von der Stelle aus abwerfen, wo der Ball aufgehoben wurde.

Hat ein Schläger mit dem Schlagholz 3mal den Ball verfehlt, muß er in die Reihen der Feldspieler überwechseln. Das gleiche gilt für den Zuwerfer, der den Ball 3mal schlecht hochgeworfen hat. Es werden dann andere Spieler zum Schläger und Zuwerfer ernannt.

Kleine Gruben

An diesem Spiel können sich 5 bis 6 Personen beteiligen.

Auf dem Spielfeld wird eine Linie gezogen und 5 bis 6 Schritt von ihr entfernt eine kleine Grube ausgehoben. Hinter dieser Grube werden jeweils im Abstand von 1 bis 2 m 2 weitere Gruben ausgehoben.

Die Spieler nehmen an der Linie Aufstellung und werfen der Reihe nach Steinchen (Tannenzapfen) in die Gruben. Trifft der erste Spieler beim ersten Mal in die erste Grube, darf er anschließend in die zweite werfen. Nach jedem Fehlwurf ist der nächste Spieler an der Reihe.

Wer ohne Fehler nacheinander die erste, zweite und dritte Grube getroffen hat, wird zum Lehrling ernannt. Wer im Anschluß daran alle Gruben in umgekehrter Reihenfolge trifft

— zuerst die dritte, dann die zweite und danach die erste —, wird Geselle. Wer hierauf noch eine weitere Übung ausführt — zuerst die zweite, dann die erste und danach die dritte Grube trifft —, erhält den Meistertitel.

Triff die Grube!

Auf dem Spielfeld sind eine größere sowie jeweils 50 bis 70 cm neben ihr 3 bis 4 kleinere Gruben auszuheben. An diesem Spiel können 5 bis 6 Spieler teilnehmen.

Die Spieler erhalten jeweils 10 Steinchen; jeder legt 2 davon in die größere Grube und je einen in die übrigen. Dann stellen sich die Spieler 3 bis 4 Schritt von der nächstgelegenen Grube entfernt an einer Linie auf und versuchen, der Reihe nach ihre Steine in die Gruben zu werfen. Trifft ein Spieler die Grube, darf er alle Steine, die sich in der Grube befinden, einstecken (trifft er jedoch eine Grube, aus der die Steine bereits herausgenommen wurden, bleibt sein eigener Stein darin liegen). Wer das Ziel verfehlt hat, darf seinen Stein wieder aufheben, und der nächste Spieler ist an der Reihe. Das Spiel ist dann beendet, wenn kein Stein mehr in den Gruben ist.

Wer bei diesem Spiel die meisten Steine zusammenbekommen hat, ist Sieger.

Spiel mit Steinchen

Dieses seinerzeit sehr populäre Spiel entwickelt die Geschicklichkeit der Hände und Finger sowie die genaue Koordinierung der Bewegungen.

Man spielt dieses Spiel am Tisch oder auf dem Fußboden. Jeder Spieler erhält 5 kleine Steine.

Zuerst wird festgelegt, wer beginnen darf. Jeder Spieler nimmt seine Steine in die Hand, wirft sie hoch und versucht, sie mit dem Handrücken aufzufangen. Dabei fallen einige Steine zu Boden. Wer die meisten Steine auf dem Handrücken behält, darf mit dem Spiel beginnen.

Hier einige Spielvarianten:

1. Von den 5 Steinen wirft man einen hoch, legt die übrigen

4 rasch hin und fängt den hochgeworfenen Stein mit derselben Hand auf.

2. Man wirft gleichzeitig 3 Steine hoch, nimmt die 2 übrigen Steine vom Tisch und fängt die 3 hochgeworfenen Steine wieder auf.

3. Es werden gleichzeitig alle 5 Steine hochgeworfen und wieder aufgefangen.

4. Man hält alle 5 Steine in der Hand, klemmt einen mit dem Daumen fest, wirft die übrigen 4 hoch, legt den fünften Stein auf den Tisch und fängt die 4 Steine wieder auf.

5. Man wirft 4 Steine hoch, nimmt den fünften Stein vom Tisch und fängt die 4 hochgeworfenen Steine auf.

Weitere Übungsvarianten können sich die Kinder auch selbst ausdenken.

SPIELE IM FREIEN (IM WINTER)

Spiele auf schneebedecktem Spielfeld

Geh nicht auf den Berg!

Vor Spielbeginn wird ein Schneeball zu einem großen Schneeklumpen (Berg) gerollt. Um ihn herum bilden die Kinder einen Kreis und fassen sich bei den Händen. Auf Kommando versuchen sie, einander auf den Berg zu ziehen. Wer den Schneeklumpen berührt, muß ausscheiden.

Ist die Spielerzahl groß, dürfen sich auch mehrere Schneeklumpen in der Kreismitte befinden.

Schnee rollen

Dieses Spiel wird am besten bei Neuschnee gespielt. Die Kinder werden in mehrere Gruppen zu je 5 bis 10 Spielern eingeteilt und verteilen sich auf dem Spielfeld. Auf Kommando beginnt jede Gruppe, aus Schnee eine Kugel zu rollen. Nach 10 bis 15 Minuten wird ein zweites Kommando gegeben, und die Kinder rollen ihre Kugeln zum Spielleiter hin.

Die Gruppe, deren Schneekugel am größten ist, ist Sieger. Solche Schneekugeln lassen sich gut für den Bau einer Schneefestung oder für andere Schneebauten verwenden.

Schneeballrollen um die Wette

Die Spieler werden in 2 gleich starke Mannschaften eingeteilt. Sie treten 5 bis 10 Schritt voneinander entfernt in Reihe an. Die letzten Spieler beider Mannschaften haben einen Schneeball. Auf ein Zeichen des Spielleiters rollen sie den Schneeball bis zu den vor ihnen stehenden Spielern und bleiben dort stehen. Diese rollen ihrerseits den Schneeball bis zu den nächsten Spielern usw. Auf diese Weise entsteht allmählich eine große Schneekugel. Ist die Kugel beim ersten Spieler in der Reihe angelangt, muß dieser sie bis zu einer 10 bis 20 Schritt von ihm entfernten Ziellinie rollen.
Die Mannschaft, deren Kugel die Ziellinie zuerst erreicht, ist Sieger.

Abwerfen mit Schneebällen I

Ein Spieler wird zum Spielführer gewählt und nimmt einen festen Platz ein. Die übrigen Spieler verteilen sich auf dem Spielfeld und laufen in unterschiedlichen Richtungen an ihm vorbei. Der Spielführer hat sich vorher einen möglichst großen Vorrat an Schneebällen angelegt und versucht nun, mit ihnen die Vorbeilaufenden zu treffen. Wird ein Spieler getroffen, so muß er dem Spielführer als Gehilfe dienen und ebenfalls versuchen, die vorüberlaufenden Spieler mit Schneebällen abzuwerfen, ohne dabei seinen Platz zu verlassen. Allmählich nimmt die Zahl der Gehilfen zu. Das Spiel wird abgebrochen, wenn der größte Teil der Spieler abgeworfen ist.

Abwerfen mit Schneebällen II

Für dieses Spiel werden die Spieler in 2 gleich starke Mannschaften eingeteilt. Auf den gegenüberliegenden Seiten eines Spielfeldes werden im Abstand von 15 bis 20 m zueinander

84

2 Linien gezogen, hinter denen sich die Lager der beiden Spielparteien befinden. Beide Linien werden an einer Seite miteinander verbunden. Die erste Mannschaft nimmt entlang einer Lagerlinie Aufstellung, die zweite — jeder ihrer Spieler hält 3 Schneebälle in den Händen — entlang der Seitenlinie.

Auf Kommando laufen die im Lager befindlichen Spieler einzeln zum gegenüberliegenden Lager, und die Spieler der zweiten Mannschaft werfen mit Schneebällen nach ihnen. Wer getroffen wird, scheidet aus. Danach tauschen die Mannschaften die Plätze, und das Spiel beginnt von vorn.

Es siegt die Mannschaft, die beim Hinüberlaufen die wenigsten Spieler verloren hat.

Eine Salve auf die Zielscheibe

An diesem Spiel können sich 3 bis 4 Mannschaften (mit je 3 Spielern) beteiligen. Für jede Mannschaft ist eine etwa 25 × 25 cm große, auf einem Gestell befestigte Zielscheibe vorzubereiten.

Die Zielscheiben werden 6 Schritt von einer Linie entfernt aufgestellt, hinter der die Mannschaften Aufstellung nehmen. Auf Kommando werfen alle Spieler gleichzeitig die Schneebälle nach ihrer Zielscheibe (jeder einen). Wird die Zielscheibe getroffen und fällt dabei um, darf sie einen Schritt weiter vorgestellt werden.

Es siegt die Mannschaft, die ihre Zielscheibe am weitesten nach vorn stellen konnte.

Belagerung einer Schneefestung

Aus Schnee wird eine Festung — eine 1,2 bis 1,5 m hohe und 4 bis 5 m lange Mauer — gebaut. Für jeden der 5 bis 6 Scharfschützen werden Zielscheiben vorbereitet — an Stöcke genagelte Sperrholzscheiben von 60 bis 70 cm Durchmesser.

Die Spieler werden in 2 gleich starke Mannschaften eingeteilt. Die eine Mannschaft befindet sich innerhalb der Festung (hinter der Mauer), die andere 8 bis 10 m von ihr entfernt in der Feuerlinie. Jeder Spieler in der Festung erhält eine Zielscheibe. Auf Kommando des Schiedsrichters werden alle Zielscheiben für 3 bis 4 Minuten hochgehoben, so daß sie über den Rand der Festung hinausragen. Die Scharfschützen versuchen, in dieser Zeit die Zielscheiben mit Schneebällen zu treffen. Hat ein Schütze die Zielscheibe getroffen, nennt er laut die Anzahl seiner Treffer. Der Schiedsrichter achtet darauf, daß richtig gezählt wird. Dann tauschen die Mannschaften die Rollen.

Es siegt die Mannschaft, die die meisten Treffer erzielt hat.

Variante 1: Anstelle von Zielscheiben kann man auf den Zinnen und in den Nischen der Festung auch Klötzchen aufstellen. Die Mannschaften spielen dann der Reihe nach. Es siegt die Mannschaft, die am schnellsten alle Klötzchen heruntergeschossen hat.

Variante 2: Man kann dieses Spiel auch ohne Zielscheiben und Klötzchen spielen. In diesem Fall werfen nicht nur die Angreifer mit Schneebällen, sondern auch die Verteidiger der Festung; sie wehren die Attacken des Gegners mit Schneebällen ab (S. 86, unten). Wer einmal von einem Schneeball getroffen wird, gilt als verwundet, wer 2mal getroffen wird, scheidet aus dem Spiel aus.

Es siegt die Mannschaft, die als erste 3 bis 4 Gegner außer Gefecht gesetzt hat.

Eisstückchen

Die Spieler bilden mit 1 bis 2 Schritt Abstand voneinander einen Kreis. In der Mitte des Kreises steht der Spielführer. Er legt ein glattes Eisstückchen (einen Puck, ein Holzklötzchen) vor sich hin und versucht, es mit dem Fuß aus dem Kreis zu stoßen. Die Spieler hindern ihn daran und stoßen das Eisstückchen wieder zurück.

Wer auf seiner rechten Seite das Eisstück durchläßt, muß den Spielführer ablösen und sich in den Kreis stellen.

Puck aus dem Kreis

Dieses Spiel ähnelt dem vorhergehenden. Im Unterschied zu ihm bilden die Spieler mit 2 bis 3 Schritt Abstand voneinander einen Kreis und sind mit Hockeyschlägern ausgerüstet. Der Spielführer versucht, einen Puck aus dem Kreis zu schlagen, und die Spieler bemühen sich, das zu verhindern.

Wettlauf mit Puck

Mehrere mit Hockeyschlägern ausgerüstete Spieler nehmen an der Startlinie Aufstellung. Jeder erhält einen Puck (eine Holz- oder Gummischeibe). 15 bis 20 m von jedem Spieler entfernt wird ein Fähnchen in den Schnee gesteckt. Auf Kommando führen die Spieler ihre Pucks mit dem Schläger bis zu den Fähnchen, umgehen sie und kehren zurück.

Wer als erster ankommt, ist Sieger.

Spiele auf Schlittschuhen

Glöckchen

10 bis 15 Schlittschuhläufer können an diesem Spiel teilnehmen. Einer von ihnen läuft mit einem Glöckchen (oder einer
Klapper) über das Eis, 2 von ihnen sind die Fänger und versuchen, ihn abzuschlagen. Der gejagte Schlittschuhläufer kann
aber das Glöckchen jederzeit an einen anderen Spieler, der ihm
zu Hilfe kommt, weitergeben. Die Fänger müssen nun hinter
diesem Spieler herjagen.
Wird der Spieler mit dem Glöckchen abgeschlagen, so wird er
zum Fänger. Zweiter Fänger wird der Spieler, der ihm das
Glöckchen übergeben hat.
Dann beginnt das Spiel von vorn.

Über die Klötzchen hinweg

8 bis 10 Klötzchen werden in einer Reihe mit einem Abstand
von 1 bis 1,5 m zueinander auf dem Eis aufgestellt. Die Spieler
stellen sich hintereinander, 15 bis 20 Schritt vom ersten
Klötzchen entfernt, auf. Auf Kommando nehmen sie der
Reihe nach Anlauf und gleiten mit parallel gestellten
Schlittschuhen über die Klötzchen hinweg.
Hat ein Spieler alle Klötzchen passiert, kehrt er zum Ausgangspunkt zurück. Das Spiel wird mehrere Male wiederholt.

In Schlangenlinie im Kreis herum

In einem Kreis mit einem Radius von etwa 15 m werden 8 bis
10 Klötzchen in gleichem Abstand zueinander aufgestellt.
Die Schlittschuhläufer laufen hintereinander und müssen
die Klötzchen in Schlangenlinie umfahren, das eine von rechts,
das andere von links.
Auf Kommando bleiben alle Schlittschuhläufer stehen, drehen
sich um und laufen unter Beachtung derselben Regeln in
umgekehrter Richtung.

Als Sieger gelten alle, die während des Spiels kein Klötzchen berührt und keine Kurve ausgelassen haben.

Schnell einsammeln

3 oder 4 Schlittschuhläufer nehmen an der Startlinie Aufstellung. Jeder Läufer hat in einer Entfernung von 10 bis 15 m vor sich einen Schneeball liegen und dahinter nach jeweils 3 bis 4 m weitere 2 bis 3 Schneebälle. Auf Kommando laufen die Spieler los, sammeln nacheinander die Schneebälle ein und laufen zurück.
Wer als erster zurückkehrt und alle Schneebälle eingesammelt hat, ist Sieger.

Ringe werfen

10 Klötzchen werden mit 4 bis 5 m Abstand voneinander entlang einer Eisbahn aufgestellt. Jeder Spieler hält 5 Ringe in den Händen. Der Reihe nach müssen die Schlittschuhläufer die Eisbahn entlang laufen und die Ringe über die Klötzchen werfen. Wer dabei die meisten Treffer erzielt, ist Sieger.

Spiele auf Skiern

Fangen auf Skiern

Die Grenzen des Spielfeldes werden mit Fähnchen abgesteckt. Alle Spieler (10 bis 15) stehen auf Skiern, haben jedoch keine Skistöcke. Ein oder 2 Spieler werden als Fänger gewählt. Die Kinder laufen auf dem Spielfeld hin und her, und die Fänger versuchen, sie abzuschlagen. Wer abgeschlagen wurde, wird Fänger.

Geschicklichkeitsspiel auf Skiern

Das Spiel wird auf einem kleinen Hang durchgeführt. Die Spieler fahren nacheinander auf Skiern den Hügel hinunter.

Dabei müssen sie einen auf dem Hang abgelegten Gegenstand (Kegel, Klötzchen usw.) aufheben.

Auf einem Ski

Mehrere Spieler laufen 15 bis 20 m auf einem Bein Ski und stoßen sich dabei mit den Skistöcken ab.
Wer als erster das Ziel erreicht, ohne das andere Bein in den Schnee gesetzt zu haben, ist Sieger.

Nimm schnell den letzten Platz ein!

Die Skiläufer treten paarweise an, doch jede Reihe stellt eine Mannschaft für sich dar.
Die Spieler laufen langsam los und achten darauf, daß sie innerhalb der Paare immer den gleichen Abstand halten. Auf Kommando wenden sich die Spieler des ersten Paares rasch um, laufen außen an ihren Reihen entlang ans Ende der Reihe und nehmen so schnell wie möglich den Platz hinter dem letzten Spieler ihrer Mannschaft ein. Auf ein weiteres Kommando läuft das zweite, danach das dritte, dann das vierte Paar los usw.
Für jeden Spieler, der als erster seines Paares an seinem Platz angekommen ist, erhält die betreffende Mannschaft einen Punkt.
Es gewinnt die Mannschaft, die die höchste Punktzahl erzielt hat.

Panzer

Auf einem Spielfeld werden eine Start- und eine Ziellinie mit einem Abstand von 20 bis 25 m markiert. Die Spieler werden in Gruppen zu je 6 bis 8 Personen aufgeteilt und treten an der Startlinie in Reihe an. Der erste Spieler hält einen Stock in der Hand, dessen freies Ende er dem nächsten Spieler seiner Mannschaft hinhält. Dieser ergreift es mit einer Hand und hält mit der anderen einen zweiten Stock, den er wiederum dem nächsten Spieler hinhält usw., so daß eine lange Kette

— ein Panzer — entsteht. Auf Kommando bewegen sich alle Panzer auf das Ziel zu.

Es siegt die Gruppe, deren Panzer als erster ankommt.

Spiele mit dem Schlitten

Schlittenstaffel

2 Mannschaften treten in Reihe an der Startlinie an. Die Ziellinie ist 30 bis 40 m entfernt. Auf Kommando begeben sich 3 Spieler jeder Mannschaft — einer sitzt auf dem Schlitten, einer zieht den Schlitten und einer schiebt ihn von hinten — bis zur Ziellinie und kehren wieder zurück. Dann stellt sich der Spieler, der den Schlitten gezogen hat, ans Ende der Reihe, der Spieler, der gesessen hat, zieht den Schlitten und der, der den Schlitten geschoben hat, setzt sich darauf. Geschoben wird der Schlitten nun vom nächsten Spieler der Mannschaft. Das Spiel wird so lange fortgesetzt, bis alle Spieler an der Reihe waren.

Es siegt die Mannschaft, die als erste ihren Lauf beendet hat. Ist die Zahl der Spieler klein, braucht man bei jedem Wettlauf nur 2 Spieler einzusetzen: Der eine zieht den Schlitten, der andere sitzt darauf.

Mit Skistöcken auf dem Schlitten

Auf einer Spielfläche werden eine Start- und eine Ziellinie markiert; der Abstand zwischen ihnen beträgt 15 bis 25 m. 3 oder 4 Spieler setzen sich an der Startlinie so auf ihre Schlitten, daß ihre Füße nicht die Erde berühren. Mit 2 Skistöcken stoßen sie sich vom Boden ab und versuchen, so schnell wie möglich die Ziellinie zu erreichen.

Schildkröten

An diesem Wettkampf können sich 2 oder 3 Spielerpaare beteiligen. Jedes Paar setzt sich Rücken an Rücken auf einen

Schlitten. Auf Kommando versuchen die Spieler, mit dem Schlitten so schnell wie möglich das 8 bis 10 m entfernte Ziel zu erreichen. Dabei stoßen sich die Spieler jedes Paares gleichzeitig mit den Beinen ab und bewegen auf diese Weise ihren Schlitten vorwärts.

Wer zieht wen hinüber?

2 Schlitten werden mit einem 3 bis 4 m langen Seil verbunden und so aufgestellt, daß das gespannte Seil über dem Kreismittelpunkt eines markierten Kreises von 1 m Durchmesser verläuft und beide Schlitten den gleichen Abstand zum Mittelpunkt haben.
2 Spieler setzen sich, einander zugewandt, auf die Schlitten. Beide versuchen, den Gegner ins Kreisinnere zu ziehen. Dabei halten sich die Spieler mit den Händen an den Schlitten fest und stoßen sich kräftig mit den Füßen ab.

Schnee als Baumaterial

Schnee ist ein wunderbarer Baustoff. Aus Schnee kann man eine Festung mit Türmen, ein Labyrinth, kann man Brücken, Tunnel, verschiedene Häuschen von bizarrer Form und vieles andere bauen. Am besten baut es sich mit nassem Schnee, der sich gut formen läßt.
Die Mauern der Bauten kann man aus Schneeklumpen zusammensetzen und anschließend die Zwischenräume mit Schnee verstreichen. Viel interessanter ist es jedoch, aus Schnee Ziegel herzustellen und die Wände aller Bauten aus Ziegeln zu »mauern«.
Zur Herstellung von Ziegeln benötigt man kleine Holzrahmen. Diese lassen sich ohne große Mühe im Werkraum anfertigen. Sie müssen so gebaut sein, daß sie sich aufklappen lassen (eine Längswand und eine Querwand sind durch Ösen oder Lederstreifen mit den anderen Seiten verbunden). Außerdem braucht man noch Stampfer — glatte Brettchen mit Griffen. Ist das Kästchen verriegelt, wird Schnee hineingefüllt und

festgestampft. Dann wird der Rahmen geöffnet und der fertige Ziegel herausgenommen.

Aus solchen Ziegeln kann man leicht Mauern für jedes beliebige Bauwerk errichten. Eins sollte man jedoch beachten: Soll eine Mauer haltbar sein, müssen die Ziegelreihen so aufeinander geschichtet werden, daß die senkrechten Fugen versetzt sind.

Klub der Eisingenieure

Einen Schneemann können alle Kinder bauen. Schulkinder jedoch können schon kompliziertere Figuren modellieren.
Man kann die Kinder veranlassen, einen »Klub der Eisingenieure« zu gründen. Die Klubmitglieder sollen vorschlagen, welche Figuren man aus Schnee bauen und wie man mit ihnen den Schulhof oder Spielplatz verschönern kann.
Zunächst sollte jedes Klubmitglied seine Figur aus Plastilin modellieren. Natürlich muß die Figur unkompliziert, jedoch charakteristisch und erkennbar sein. So kann man beispielsweise einen Hasen, eine Katze, einen Pinguin, Elefanten oder Bären formen, aber auch Märchenfiguren oder einen Buratino. Findet die Plastilinfigur allgemeine Zustimmung, kann mit dem Formen aus Schnee begonnen werden.
Als erstes muß man aus Zweigen, Stöckchen und Draht ein Gerüst anfertigen, dann kann man die Teile der Figur (Beine, Rumpf, Kopf usw.) modellieren (S. 94).

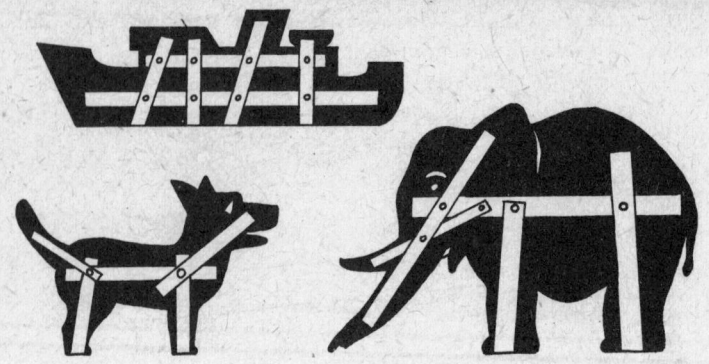

Ein anderes Modellierverfahren besteht darin, einen Schneeklumpen durch Ergänzung der Details in die geplante Figur zu verwandeln.

Aus Schnee lassen sich auch sehr gut Flachrelieffiguren und silhouettenhafte Figuren darstellen, z. B. von einem Flugzeug, einer Rakete, einem Schiff, einem Fernsehturm, von beliebigen Gegenständen und Tieren mit klarer, charakteristischer Silhouette. Übergießt man diese Figuren bei Frostwetter mit Wasser, bildet sich an ihrer Oberfläche eine Eiskruste; dadurch werden die Figuren haltbarer. Die Figuren können auch gefärbt werden, indem man Farbstoff (Anilinfarben, Tinte) ins Wasser gibt.

SPIELE IM RAUM

»Olympische Spiele« im Zimmer

Kraft und Gesundheit kann man auf verschiedenen Wegen erlangen. Man kann sich an komplizierten und schwierigen Sportwettkämpfen beteiligen, man kann aber auch lernen, einfachste Übungen auszuführen, die auf den ersten Blick nur Vergnügen zu sein scheinen, in Wirklichkeit jedoch sehr gut Kraft, Geschicklichkeit, Findigkeit, Schnelligkeit, Genauigkeit der Bewegungen und andere Eigenschaften trainieren, ohne die kein Sportler auskommt.

Unter der symbolischen Bezeichnung »Olympische Spiele« kann man im Raum eine Serie spannender Wettkämpfe durchführen. In das Programm solcher Wettkämpfe für Jungpioniere sollte man relativ einfache Übungen und lustige Spiele aufnehmen. Höhepunkt dieser Wettkämpfe könnte ein interessantes Fest sein.

An den Wettkämpfen können Mannschaften von 8 bis 10 Kindern (Jungen und Mädchen) teilnehmen. Mannschaftskapitäne sollten ältere Pioniere sein. 2 bis 4 Mannschaften (nicht mehr!) können gleichzeitig miteinander wetteifern. Damit für alle Wettkampfteilnehmer die gleichen Voraussetzungen gegeben sind, sollte man die Wettkämpfe für die 1., 2. und 3. Klassen getrennt durchführen.

Die Wettkampfergebnisse werden von einem Schiedsrichterkollektiv, dem ältere Pioniere und FDJler, der Sportlehrer sowie einige Eltern angehören, ausgewertet. Das Bewertungssystem muß einfach und für alle Teilnehmer verständlich sein. Für jede Übung (jedes Spiel) wird, je nach Schwierigkeitsgrad, eine bestimmte Punktzahl festgesetzt. Fehler, Verstöße, Zeitverlust haben einen Punktabzug zur Folge. Am Ende der Wettkämpfe zählt die Jury die Punkte jeder Mannschaft zusammen und nennt die Sieger.

Nachfolgend führen wir einige Beispiele für Übungen und Spiele an, die in die Wettkampfprogramme aufgenommen werden können. Die Programme kann man aber auch durch Spiele aus anderen Abschnitten dieses Buches (Mannschaftsspiele, Staffelwettbewerbe, Wettkämpfe zwischen zwei Spielern u. a.) ergänzen.

Werden die »Olympischen Spiele« als Fest durchgeführt, kann man sich einen interessanten Beginn und Abschluß des Festes ausdenken, kann ein symbolisches »olympisches Feuer« anzünden, den Raum ausschmücken und Gäste einladen.

Die Vorbereitung des Festes schließt auch mit ein, daß sich die Kinder die Übungen der Spiele aneignen und trainieren. Der Erzieher kann dabei die Möglichkeiten jeder Altersgruppe feststellen, er kann die Strecke für das Laufen, Springen usw. festlegen und er kann voraussehen, welche Schwierigkeiten bei den Wettkämpfen auftreten können.

Für die Wettkämpfe muß ein Hauptschiedsrichter ernannt werden; er gibt die Wettkampfordnung bekannt, erläutert die Übungen und gibt das Kommando für die einzelnen Wettbewerbe. Ältere Schüler sind seine Gehilfen. Sie geben die Geräte aus, stellen Stühle und Fähnchen auf usw.

Es muß unbedingt darauf geachtet werden, daß die Mannschaftskapitäne die Aufgaben in ihren Mannschaften gleichmäßig verteilen, damit alle Kinder an den Spielen teilnehmen und sich jeder dabei beweisen kann.

Wettspielprogramm I

1. Die Mannschaftsvertreter gehen mit kleinen Sandsäckchen auf den Köpfen bis zu einer 12 bis 15 m entfernten Ziellinie, steigen unterwegs auf einen Stuhl und wieder herunter, setzen (oder kauern) sich an der Ziellinie auf den Boden, stehen wieder auf und steigen bei der Rückkehr wieder über den Stuhl. Dabei dürfen die Sandsäckchen nicht herunter fallen und auch nicht mit den Händen festgehalten werden. Wer als erster zurückkehrt, ist Sieger.

Die Übung wird nacheinander von einem Jungen und einem Mädchen ausgeführt.

2. Die Mannschaftsvertreter springen 5mal hintereinander mit einem Bein. Wer dabei insgesamt am weitesten gesprungen ist, ist Sieger.

Die Übung wird nacheinander von einem Jungen und einem Mädchen ausgeführt.

3. Die Mannschaftsvertreter legen eine Strecke von 15 bis 20 m, dabei über ein Springseil hüpfend, zurück, biegen um einen Stuhl herum und kehren an ihren Platz zurück. Es siegt, wer als erster zurückgekehrt ist.

Die Übung wird nacheinander von einem Jungen und einem Mädchen ausgeführt.

4. Die Mannschaftsvertreter legen mit einem Luftballon auf der Hand eine bestimmte Strecke zurück, umgehen einen Stuhl und kehren zum Ausgangspunkt zurück. Wer als erster ankommt und dabei den Luftballon nicht verloren hat, der ist Sieger.

Die Übung wird nacheinander von einem Jungen und einem Mädchen ausgeführt.

5. Die Mannschaftsvertreter laufen mit einem Eßlöffel in der Hand zu einem 5 bis 6 Schritt entfernten Stuhl, auf dem 5 Damesteine liegen, nehmen mit dem Löffel einen Damestein auf (ohne Zuhilfenahme der zweiten Hand), tragen ihn zu ihrem Stuhl an der Startlinie, kehren um, holen den zweiten Damestein usw. Es siegt, wer das am schnellsten schafft.

Die Übung wird nacheinander von einem Jungen und einem Mädchen ausgeführt.

6. Jede Mannschaft benennt 2 Jungen. Sie stellen sich Rücken an Rücken und verschränken ihre Arme. Auf Kommando laufen alle Paare auf die 10 bis 15 m entfernte Ziellinie zu, wobei jeweils ein Partner vorwärts, der andere rückwärts läuft. An der Ziellinie kehren sie um; jetzt läuft jeweils der andere Partner vor- bzw. rückwärts. Es siegt das Paar, das am schnellsten wieder an der Startlinie ist.

7. 1 bis 1,5 m von der Startlinie entfernt und dann wiederum jeweils im Abstand von 1 bis 1,5 m werden 5 Kreise von 40 bis 50 cm Durchmesser auf den Boden gezeichnet (die Kreise kann man auch durch Reifen ersetzen).

In jeden Kreis wird ein Kegel bzw. eine Keule gestellt. Die Spieler müssen in den ersten Kreis springen, ohne dabei den Kegel umzuwerfen, diesen aufnehmen, in den zweiten Kreis springen, nun mit zwei Kegeln in den dritten Kreis springen usw. Wer als erster mit 4 Kegeln in den Händen in den fünften Kreis springt und dabei den fünften Kegel nicht umstößt, ist Sieger.

8. An diesem Spiel nehmen die Mannschaften vollzählig teil. Die Spieler treten paarweise (jeweils ein Junge und ein Mädchen) in Reihe parallel zueinander an. Jeder Spieler erhält einen Tiernamen (in allen Mannschaften die gleichen): die Jungen z. B. Hase, Igel, Hahn, Elefant, Bär, Tiger, Löwe, Panther, die Mädchen z. B. Katze, Ente, Taube, Antilope, Giraffe, Maus, Schlange. Diese Namen sind in eine Liste einzutragen. Anhand der Namensliste ruft der Spielleiter nun die Spieler paarweise auf (z. B. Löwe und Giraffe). Die genannten Paare aller Mannschaften laufen los, laufen um einen vor ihrer Reihe stehenden Stuhl herum, fassen den Partner bei der Hand und stellen sich an die Spitze ihrer Reihe. Das Paar, das dabei am schnellsten ist, erhält für die Mannschaft einen Punkt. Dann werden andere Paare aufgerufen. Es ist darauf zu achten, daß jeder Spieler 2mal läuft, beim zweiten Mal aber mit einem anderen Partner. Es siegt die Mannschaft, die die meisten Punkte erhalten hat.

Wettspielprogramm II

1. Die Mannschaftsvertreter laufen mit einer kleinen runden Kartoffel (oder einem kleinen Ball) auf einem Eßlöffel eine bestimmte Strecke, steigen unterwegs auf einen Stuhl und wieder herunter und kriechen unter einem auf zwei Hockern liegenden Brett hindurch. Wer als erster wieder an seinem Platz ist, ohne die Kartoffel fallen gelassen zu haben, ist Sieger.
Die Übung wird nacheinander von einem Jungen und einem Mädchen ausgeführt.
2. Die Mannschaftsvertreter prellen mit der flachen Hand einen kleinen Ball (es kann ein Tischtennisball sein) über eine Strecke von etwa 15 bis 20 m gegen den Boden und kehren dann auf die gleiche Weise zurück. Wer als erster wieder an seinem Platz ist, ist Sieger.
Die Übung wird nacheinander von einem Jungen und einem Mädchen ausgeführt.
3. Die Mannschaftsvertreter hüpfen auf dem rechten Bein zu einer 6 bis 8 m entfernten Linie und hüpfen auf dem linken

Bein zurück. Wer als erster wieder an seinem Platz ist, ist Sieger.

Die Übung wird nacheinander von einem Jungen und einem Mädchen ausgeführt.

4. Jede Mannschaft benennt 2 Spieler (einen Jungen und ein Mädchen). Diese stellen sich nebeneinander und fassen sich über Kreuz bei den Händen. Beiden wird eine Streichholzschachtel (oder ein kleiner Würfel) auf die Schulter gelegt (dem einen auf die rechte, dem anderen auf die linke Schulter). Ohne sich loszulassen, laufen die Paare bis zu einer bezeichneten Stelle und kehren zurück. Fällt ihnen eine Schachtel herunter, müssen sie stehenbleiben, sie wieder auf ihre Schulter legen, sich erneut bei den Händen fassen und den Weg fortsetzen. Es siegt das Paar, das als erstes wieder an der Startlinie ist.

5. Jede Mannschaft wählt 2 Spieler aus. 10 Schritt von der Startlinie entfernt wird für jede Mannschaft ein Stuhl mit einem Schachbrett darauf aufgestellt und daneben ein Satz Damesteine gelegt (12 dunkle und 12 helle). Die Spieler mit der Nummer 1 laufen zum Stuhl, wählen Damesteine einer Farbe aus, verteilen diese an den entsprechenden Stellen auf einer Seite des Brettes und kehren zurück. Danach laufen die Spieler mit der Nummer 2 zu den Stühlen und verteilen die restlichen Steine auf der anderen Seite des Brettes. Das Paar, das die Aufgabe als erstes erfüllt hat, ist Sieger.

6. 3 bis 4 Stühle werden so nebeneinandergestellt, daß sie einen Tunnel bilden. Die Mannschaftsvertreter (nur Jungen) müssen nun der Reihe nach auf Knien durch diesen Tunnel kriechen. Dabei dürfen sie die Wände oder die Decke des Tunnels nicht berühren. Vor Spielbeginn dürfen die Spieler zur Probe einmal durch den Tunnel kriechen.

7. Die Mannschaftsvertreter klemmen sich einen Volleyball zwischen die Beine, hüpfen so zu einem 10 Schritt entfernten Stuhl, setzen sich auf den Stuhl, führen mit dem Stuhl eine volle Umdrehung auf der Stelle aus und kehren, ohne den Ball loszulassen, wieder zurück. Wer das am schnellsten schafft, ist Sieger.

8. Die Mannschaftsvertreter laufen mit einem Tennisschläger, auf dem eine kleine Holzkugel oder ein Ball liegt (darunter

wird ein Ring gelegt, damit sie nicht hin- und herrollt), bis zum Ende des Spielfeldes und zurück. Unterwegs müssen sie 2mal (beim Hin- und Zurücklaufen) mit der freien Hand einen Reifen von der Erde aufheben und durch ihn hindurchkriechen (ohne den Schläger mit der Kugel bzw. mit dem Ball loszulassen).

Fällt die Kugel herunter, muß der Spieler stehenbleiben und warten, bis ihm ein Gehilfe aus seiner Mannschaft die Kugel bringt.

Wer die Aufgabe am schnellsten erfüllt hat, ist Sieger.

9. Ein Spieler jeder Mannschaft nimmt an diesem Wettkampf teil. Jeder Teilnehmer erhält 3 Klötzchen, die, übereinandergetürmt, über eine bestimmte Strecke hin- und zurückgetragen werden müssen. Wer das am schnellsten schafft, ist Sieger. Wer ein Klötzchen fallen läßt, muß es aufheben, auf die anderen Klötzchen legen und den Weg fortsetzen.

10. Die Mannschaften nehmen vollzählig an diesem Spiel teil. Die Spieler jeder Mannschaft treten 2 bis 3 Schritt voneinander entfernt in Reihe an.

Auf Kommando gibt jeder Spieler mit der Nummer 1 einen Ball über den Kopf hinweg an den zweiten Spieler, dieser bückt sich und reicht den Ball durch die gespreizten Beine an den dritten Spieler, der wiederum gibt den Ball über den Kopf hinweg an den nächsten usw. Der letzte Spieler läuft mit dem Ball nach vorn, stellt sich vor die Reihe, gibt den Ball über den Kopf weiter usw. Es siegt die Mannschaft, deren Spieler mit der Nummer 1 sich als erster wieder an der Spitze seiner Reihe befindet.

Nachahmungsspiele

Was haben wir getan?

Ein Spieler wird gebeten, das Zimmer zu verlassen. In seiner Abwesenheit besprechen die Kinder, welche Handlung sie darstellen wollen. Zurückgekehrt, fragt der ratende Spieler die Kinder, was sie getan haben.

Die Kinder aber antworten ihm nicht, sondern stellen irgendeine Handlung dar: Sie spielen z. B. Ziehharmonika oder
Gitarre, reiten auf einem Pferd, fahren Fahrrad, rudern,
schwimmen usw.

An den Bewegungen der Mitspieler muß der Rater die Handlungen erkennen. Errät er sie, wird ein anderer Spieler zum
Rater gewählt, errät er sie dagegen nicht, muß er sich erneut
entfernen, und die Spieler denken sich für ihn eine andere
Handlung aus.

Variante: Die Spieler werden in zwei Gruppen eingeteilt: Eine
Gruppe muß raten, die andere Gruppe muß einen Beruf
darstellen, den sie vorher abgesprochen hat. Den ratenden
Spielern wird die Frage gestellt: »Braucht ihr Arbeiter?«
»Was könnt ihr denn?« fragen diese. Als Antwort stellen die
Kinder z. B. Tischlerarbeiten dar, wobei alle etwas anderes
tun: einer hobelt, ein anderer sägt, ein dritter schlägt Nägel
ein usw. Ist der Beruf erraten worden, tauschen die Gruppen
die Rollen.

Ebenso

Die Spieler bilden einen Kreis und gehen auf doppelten Armabstand auseinander. Der Spielleiter trägt das Gedicht
»Ebenso« von Sergej Michalkow vor und macht dazu die
entsprechenden Bewegungen, die die Kinder nachahmen.

Wo hell und klar das Bächlein rinnt
im stillen dunklen Tann,
und wo das Jagdrevier beginnt,
da wohnt ein Förstersmann.

Aus Kiefernholz steht da sein Haus
mit Vorbau, Erker, Dach;
als gingen wir hier ein und aus,
so ahmen wir jetzt nach:

Im Zimmer steht die alte Uhr,
ihr Pendel, das geht so:
mal links, mal rechts, ei, seht doch nur...
Wir machens ebenso!

Die Kinder stemmen die Hände in die Hüften und beugen sich erst zur linken, dann zur rechten Seite.

Um zu erschrecken Maus und Mann
und Hund, samt seinem Floh,
schlägt mit den Flügeln wild der Hahn...
Wir machens ebenso!

Sie nehmen die Arme in Seithalte und heben und senken sie gleichmäßig.

Der Hirte, der bläst laut ins Horn,
Häslein erschreckt sich so
und springt mit einem Satz nach vorn...
Wir machens ebenso!

Sie kauern sich hin, legen beide Hände an den Kopf, strecken dabei ihre Zeigefinger wie lange Hasenohren aus und hüpfen vorwärts.

Auf allen vieren kommt der Bär,
sucht Futter irgendwo,
es knackt und kracht, er tappt umher...
Wir machens ebenso!

Sie lassen sich auf alle viere nieder, schaukeln erst zur einen, dann zur anderen Seite und bewegen sich langsam vorwärts.

Der Förster, der hat etwas vor,
er ist vergnügt und froh;
dann fährt er durch das Gartentor...
Wir machens ebenso!

Die Kinder weisen wie Verkehrspolizisten mit den Händen den Weg zur einen, dann zur anderen Seite.

Zuerst spannt er sein Pferdchen an,
im Wagen liegt schon Stroh,
daß er zum Vetter fahren kann...
Wir machens ebenso!

Sie stellen sich paarweise auf: Einer ist jeweils der Kutscher, der andere das Pferd. Die Kutscher spannen ihre Pferde an. (Man kann jedem Kutscher eine Leine geben.)

Erst gehts im Trab und dann im Schritt
mit hü-hott und hoho!
Der Förster schwingt die Peitsche mit...
Wir machens ebenso!

Die Kinder laufen im Kreis herum, erst zur einen, dann zur anderen Seite, erst im Trab, dann im Schritt.

    Doch endlich — eine Pause winkt,
das Pferd frißt Haferstroh,
und auch der Förster ißt und trinkt...
Wir machens ebenso!

Sie setzen sich hin und zeigen durch Bewegungen, wie sie Tee eingießen, den Zucker mit Teelöffeln verrühren, Brot schneiden, dann trinken, essen und sich danach unter fröhlichem Gesang auf den Heimweg machen.

Die Besucherin

Ein Spieler soll die Besucherin darstellen. Er bindet sich ein Kopftuch um, tritt in die Mitte des Kreises, verneigt sich vor allen und sagt:
    »Wollt' besuchen euch seit Tagen.«
Die Kinder antworten:
    »Ihr Besuch uns Freude macht.«
Die Besucherin lächelt, schaut alle an und spricht:
    »Und nun könnt ihr mir mal sagen:
Wie habt ihr den Tag verbracht?«
Die Kinder antworten:
    »Wolln's der Reihe nach besorgen —
Frühsport trieben wir am Morgen!«
»Wie?« fragt die Besucherin.
    »Na, so!«
entgegnen die Kinder und zeigen, wie sie Frühsport gemacht haben.
»Und dann?« fragt die Besucherin.
    »Hab'n beim Frühstück wir gesessen,
alles restlos aufgegessen.«
»Wie?«
    »Na, so!«
Die Kinder zeigen, wie sie Brötchen gegessen und Milch getrunken, wie sie sich den Mund mit Servietten abgewischt und sich für das Frühstück bedankt haben.
»Und dann?« fragt die Besucherin.

»War'n wir unter Eichen, Buchen,
um uns Pilze dort zu suchen.«
»Wie?«
    »Na, so!«
Die Kinder zeigen, wie sie sich gebückt, Pilze gesammelt und
in den Korb gelegt haben.
»Und dann?«
    »Sind ans Flüßchen wir gekommen,
    hab'n geplanscht und sind geschwommen.«
»Wie?«
    »Na, so!«
Die Kinder legen sich auf den Teppich (ins Gras), schlagen
Purzelbäume, planschen und schwimmen.
»Und dann?«
    »Gingen wir zum Mittagessen,
    hab'n mit Appetit gegessen.«
»Wie?«
    »Na, so!«
Die Kinder zeigen, wie sie mit Messer und Gabel Mittag
gegessen haben.
»Und dann?«
    »Legten wir uns alle nieder,
    schliefen, standen auf dann wieder.«
»Wie?«
    »Na, so!«
Alle legen sich schlafen und schnarchen leise, dann werden sie
wach, strecken sich, und stehen auf.
Die Besucherin sagt:
    »Nun, ich sehe schon, ihr Kinder,
    gut habt ihr den Tag verbracht.
    Auf Wiedersehn!«
Die Kinder verbeugen sich und sagen im Chor:
    »Auf Wiedersehn!
    Ihr Besuch uns Freude macht!
    Kommen Sie doch morgen früh,
    Lieder sing'n wir dann für Sie!«
»Wie?« fragt die Besucherin.
    »Na, so!«

Die Kinder stimmen ihr Lieblingslied an.
Dann sagt die Besucherin:
  »Etwas kann ich noch verweilen,
  tanz euch was, dann muß ich eilen.«
»Wie?« rufen die Kinder.
  »Na, so!«
sagt die Besucherin und beginnt zu tanzen. Die Kinder fassen
sich bei den Händen und tanzen auch.

Pantomime

2 Spieler sind durch einen Wandschirm, einen Vorhang oder
einen Schrank voneinander getrennt, so daß sie einander nicht
sehen können. Beide wenden sich den Zuschauern zu und
stellen gleichzeitig durch Gestik und Mimik das dar, was ihnen
der Spielleiter vorschlägt, z. B.
— einen Passanten, der im Winter bei starkem Frost auf einen
Bus wartet,
— einen Patienten beim Zahnarzt,
— einen Fußballfan bei einem interessanten Spiel,
— einen Streber in der Klasse, der eifrig bemüht ist, eine Antwort zu geben.
Man kann auch laut ein Gedicht oder eine Fabel (mit vielen
Handlungen) vorlesen und sie von den Spielern durch Mimik
und Gestik illustrieren lassen.
Die Zuschauer beurteilen anschließend, wer von den beiden
Spielern besser war.

Gymnastik

Um die Gymnastik interessant zu gestalten, kann man sich
eine Reihe von Nachahmungsbewegungen ausdenken.
Mühle. Die Kinder haben einen Arm erhoben, den anderen
gesenkt. Der Müller setzt die Mühle in Gang, und sie beginnt
sich zu drehen.
Baum. Die Kinder stehen still, die Arme (Äste) hoch über den
Kopf erhoben. Es beginnt zu stürmen. Die Kinder beugen sich
tief nach links und rechts, nach vorn und hinten.

Ball. Die Kinder hüpfen wie ein großer Gummiball. Die Füße sind dabei geschlossen; die Knie werden beim Springen hochgezogen.

Stehaufmännchen. Die Kinder legen sich ins Gras oder auf den Teppich. Die Beine sind in den Knien gebeugt, und die Arme unterstützen den Kopf. Der Spielleiter gibt das Kommando. Bei »eins« erfolgt eine kräftige Bewegung mit dem Rumpf, und die Kinder setzen sich auf; bei »zwei« kehren sie in die Ausgangsstellung zurück.

Holzfäller. Die Kinder stehen mit gegrätschten Beinen, haben die Arme hoch über den Kopf erhoben und die Finger verschränkt. Weit ausholend, »spalten« sie nun mit einer gedachten Axt einen Baumstamm und richten sich dann auf.

Spiele mit Musik, Gesang und Tanz

Gib schnell weiter!

Die Spieler treten in Linie zu einem Glied an. Zu den Klängen von Musik wird ein Kegel von Hand zu Hand bis zum Ende der Linie weiter- und dann in umgekehrter Richtung wieder zurückgegeben. Die Musik bricht plötzlich ab, und der Spieler, der in diesem Moment den Kegel in den Händen hält, scheidet aus. Danach wird das Spiel wieder aufgenommen. Die Musik ist oft und plötzlich und in unterschiedlichen Zeitabständen abzubrechen.

Wer als letzter übrigbleibt, ist Sieger.

Variante: Wenn die Musik abbricht, gehen der Spieler, der den Kegel in den Händen hält, und der Spieler, der ihm diesen übergeben hat, einen Schritt nach vorn. Der Kegel wird auf den Boden gestellt, und die beiden Spieler stellen sich Rücken an Rücken daneben. Auf Kommando laufen sie los (jeder in seine Richtung), laufen um die Kinder herum und versuchen, den Kegel zu ergreifen. Der Spieler, der den Kegel in seinen Besitz bringen kann, kehrt an seinen Platz zurück. Der Spieler, dem das nicht gelungen ist, scheidet aus. Danach wird das Spiel fortgesetzt.

Diese Variante wird gewöhnlich nur bei geringer Spielerzahl gespielt.

Musikalische Schlangenlinien

Die Spieler werden in 3 oder 4 gleich starke Mannschaften eingeteilt. Sie treten in Reihe, parallel zueinander, an. An der Spitze jeder Mannschaft steht der Spielführer.

Jede Mannschaft wählt ein bekanntes Lied aus. Wenn die Melodie des gewählten Liedes erklingt, beginnt die gesamte Mannschaft, mit dem Spielführer an der Spitze, in Schlangenlinie über das Spielfeld zu gehen. Erklingt ein anderes Lied, bleibt die erste Mannschaft unverzüglich stehen, und die Mannschaft, deren Lied gespielt wird, setzt sich in Bewegung. Die Lieder werden jeweils mehrere Male wiederholt. Die Spielführer müssen die Mannschaften so hinter sich herführen, daß sie sich mit den anderen Mannschaften verflechten. Wenn sie sich gänzlich verheddert haben, gibt der Spielleiter ein Zeichen, und alle Mannschaften müssen so schnell wie möglich ihre Ausgangsstellung einnehmen und die Arme heben.

Es siegt die Mannschaft, die das am schnellsten geschafft hat.

Aufforderung

Die Spieler bilden einen Kreis. Der Spielführer geht unter Musikbegleitung innerhalb des Kreises auf und ab, bleibt plötzlich vor einem Spieler stehen, verbeugt sich vor ihm und fordert ihn auf, ihm zu folgen. Nun gehen sie zu zweit im Kreis herum. Wieder bleibt der Spielführer vor einem Spieler stehen und fordert ihn auf mitzukommen. Das geschieht noch mit 10 bis 12 weiteren Spielern. Der Spielführer kann sich im Tanzschritt bewegen oder beim Gehen zu den Klängen der Musik verschiedene Bewegungen machen; alle seine Bewegungen müssen die ihm folgenden Spieler genau kopieren. Plötzlich bricht die Musik ab. Der Spielführer und die Spieler laufen auseinander und bilden einen neuen Kreis (unabhängig von ihrem alten Platz).

Der Spieler, der sich als letzter in den Kreis einreiht, wird neuer Spielführer.

Ohne Partner

Die Spieler bilden 2 Kreise, einen Innen- und einen Außenkreis, wobei sich im Außenkreis ein Kind mehr als im Innenkreis befinden muß. Die Kinder fassen einander bei den Händen. Nach Musikbegleitung gehen die Spieler beider Kreise in entgegengesetzter Richtung. Plötzlich bricht die Musik ab. Die Spieler bilden so schnell wie möglich Paare und fassen einander bei den Händen.
Wer ohne Partner bleibt, muß tanzen, ein Rätsel lösen, einen Schnellsprechvers aufsagen usw.
Danach stellen sich alle wieder in 2 Kreisen auf, und das Spiel wird wiederholt.

Finde deinen Partner!

Die Spieler stellen sich paarweise im Kreis auf und fassen einander bei den Händen. Bei fröhlicher Tanzmusik gehen sie im Kreis herum und tanzen, jeder nach seiner Art. Auf Kommando lassen sie sich los.
Wer sich im Innenkreis befindet, dreht sich rasch um und geht nun in die entgegengesetzte Richtung, die übrigen bewegen sich in der alten Richtung weiter. Auf ein zweites Kommando muß jeder Spieler schnell seinen Partner finden und sofort den Tanz im Kreis fortsetzen. Die ganze Zeit über bricht die Musik nicht ab.

Der Gesang führt zum Versteck

Bei diesem Spiel sitzen die Kinder. Ein Spieler wird gebeten, sich für kurze Zeit zu entfernen. In seiner Abwesenheit wird ein beliebiger kleiner Gegenstand (ein Buch, ein Spielzeug, ein Tuch, ein Handschuh) an einem sichtbaren Ort versteckt. Wenn der Spieler zurückgekehrt ist, muß er den versteckten Gegenstand suchen. Dabei hilft ihm der Gesang der Kinder.

Nähert sich der Spieler dem Gegenstand, beginnen alle Kinder lauter zu singen, entfernt er sich vom Gegenstand, singen sie wieder leiser.

Ringsherum geh'n wir im Kreise

Die Spieler fassen einander bei den Händen und bilden einen Kreis. Der Spielführer stellt sich in die Mitte des Kreises. Die Kinder gehen langsam im Kreis herum und stimmen ein Lied an, in dem der Vorname des Spielführers (Peter, Uwe, Jürgen) vorkommt.

Ringsherum geh'n wir im Kreise,
He, ihr Kinder, aufgewacht!
Alles, was uns Peter (Uwe, Jürgen u. a.) zeigte,
wird von jedem nachgemacht!

Die Kinder bleiben stehen, und der Spielführer macht verschiedene Bewegungen vor (er hüpft wie ein Frosch, kreist mit den Armen, dreht sich auf der Stelle oder nimmt irgendeine komische Haltung ein). Alle Kinder müssen seine Bewegungen genau nachahmen.

Haben alle Spieler seine Bewegungen nachgeahmt, geht der Spielführer auf einen Spieler zu und verbeugt sich vor ihm. Dieser Spieler wird nun neuer Spielführer.

Bei der Wiederholung des Spiels gehen die Kinder in die andere Richtung.

Bingo (Finnischer Reigentanz)

Die Kinder stellen sich paarweise im Kreis auf und fassen einander bei den Händen. Nach Musikbegleitung gehen sie rechtsherum und singen:

Unser altes zott'ges Hündchen
aus dem Fenster schaut.
Unser altes zott'ges Hündchen
aus dem Fenster schaut.
Be — i — en — ge — o,
Be — i — en — ge — o,
Be — i — en — ge — o, ja
Bingo ist sein Name!
Be — i — en — ge — o!

Wenn zum zweiten Mal die Worte »aus dem Fenster schaut«
gesungen werden, lassen alle Spieler die Hände des Partners
los. Der Innenkreis geht weiterhin vorwärts, der Außenkreis
geht in die entgegengesetzte Richtung. Bei »Be — i — en —
ge — o« heben die Kinder des Außen- und des Innenkreises
abwechselnd bald den rechten, bald den linken Arm, klatschen
einander auf die Handflächen und buchstabieren bei jedem
Klatschen den Namen des Hundes: »B — i — n — g — o«. Das
letzte »o« wird gedehnt ausgesprochen und das Klatschen
durch einen kräftigen Händedruck ersetzt. Die beiden Spieler,
deren Hände zuletzt aufeinandergetroffen sind, werden ein
Paar. Bei der Wiederholung des Spiels muß die Bewegungs-
richtung gewechselt werden.

Lustige Wettkämpfe und Spiele

Ein Stuhl fehlt

5 Stühle werden mit den Lehnen nach innen kreisförmig dicht aneinandergestellt. Vor den Stühlen nehmen 6 Kinder Aufstellung. Der Spielleiter gibt ein Zeichen, und die Spieler beginnen, um die Stühle herumzumarschieren. Er gibt ein zweites Zeichen — die Spieler setzen sich schnell auf einen Stuhl. Der Spieler, der ohne Platz bleibt, scheidet aus. Ein Stuhl wird entfernt (die übrigen Stühle werden zusammengerückt), und das Spiel wird nun mit 4 Stühlen und 5 Spielern, dann mit 3 Stühlen und 4 Spielern usw. fortgesetzt.
Wer den letzten Stuhl besetzen kann, ist Sieger.

Reise nach Moskau

Mehrere Stühle (ein Stuhl weniger als Spieler) werden mit den Lehnen nach innen kreisförmig dicht nebeneinandergestellt. Die Spieler setzen sich auf die Stühle, nur der Spielführer hat keinen Stuhl. Er geht um die Spieler herum, ein Fähnchen in der Hand, und sagt:
»Ich fahre nach Moskau, wer will, kann mitkommen.«
Die Kinder schließen sich ihm nacheinander an. Der Spielführer sagt:
»Nach Moskau fliegen wir mit dem Flugzeug.«
Bei diesen Worten beschleunigt er seinen Schritt.
»Das Flugzeug fliegt schneller.«
Der Spielführer beginnt zu laufen.
»Moskau ist schon ganz nahe.«
Er läuft wieder langsamer. Dann gibt er das Kommando:
»Achtung, Landung!«
Die Spieler und der Spielleiter laufen zu den Stühlen und setzen sich.
Wer ohne Platz bleibt, wird Spielführer, erhält das Fähnchen und wiederholt das Spiel.
Der Spielführer kann die Kinder von den Stühlen weg- und durch den ganzen Saal führen, er kann in Schlangenlinie

laufen, eine Spirale beschreiben usw. und das Kommando
»Achtung, Landung!« an jeder beliebigen Stelle geben.

Zwei von dreien

3 Kegel werden auf den Fußboden gestellt. 2 Spieler tanzen
um sie herum, die Hände an den Hüften oder hinter dem
Rücken. Wird das Kommando »Halt!« gegeben, versucht jeder,
2 Kegel zu ergreifen. Wer nur einen erbeutet, hat verloren.

Wer ist flinker?

Für das Spiel werden 15 Kegel in 3 Farben (z. B. 5 rote,
5 grüne und 5 gelbe Kegel) sowie 3 Holzwürfel benötigt. Die
gegenüberliegenden Seiten der Würfel müssen in derselben
Farbe wie die Kegel sein (2 Seiten rot, 2 grün, 2 gelb).
Die Spieler bilden einen Kreis. Die Kegel werden nun innerhalb des Kreises so verteilt, daß ihre Farben abwechseln
und sie möglichst weit voneinander entfernt stehen. Die
Spieler zählen zu dreien ab. Zuerst spielt die erste Dreiergruppe, danach die zweite usw. Die 3 Spieler einer Gruppe
stellen sich jeweils in die Kreismitte und wenden sich einander
zu. Jeder hat einen Würfel in der Hand. Auf Kommando
werfen sie die Würfel zu Boden und achten darauf, welche
Farbe oben liegt. Zeigt jeder Würfel eine andere Farbe, werden
die Würfel erneut geworfen. Zeigen aber 2 bzw. alle 3 Würfel
dieselbe Farbe, müssen die Spieler die Kegel dieser Farbe so
schnell wie möglich einsammeln. Für jeden aufgenommenen
Kegel wird ein Punkt vergeben.
Das Spiel wird in 2 Runden gespielt. An der zweiten Spiel-
runde nehmen nur die Spieler teil, die bei der ersten Runde
2 oder 3 Punkte erreicht haben.
Es siegen die Spieler, die die meisten Punkte erzielt haben.

Wer faßt die Schnur zuerst?

2 Spieler setzen sich mit dem Rücken zueinander 2 bis 3 m
voneinander entfernt auf Stühle. Zwischen beiden Stühlen ist

112

eine Schnur (z. B. ein Springseil) auf den Boden gelegt. Auf Kommando müssen die Spieler aufspringen, um beide Stühle 3mal herumlaufen, sich dann wieder auf ihren Stuhl setzen, sich bücken und die Schnur zu sich ziehen.
Wer die Schnur als erster zu fassen bekommt, ist Sieger.

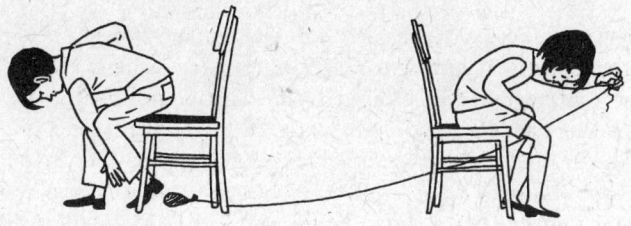

Die Spieler dürfen nur rechtsherum laufen und während des Laufens die Stühle nicht berühren.
Zunächst muß das Spiel geprobt werden. Dabei zählt der Spielleiter laut die Runden mit.
Der Wettbewerb wird 3mal durchgeführt. Wer 2- oder 3mal die Schnur als erster zu fassen bekommt, ist Sieger.
Variante 1: Die Spieler hüpfen auf einem Bein einmal um die Stühle herum, setzen sich dann und versuchen, die Schnur zu sich zu ziehen.
Variante 2: Beiden Teilnehmern werden die Augen verbunden. Auf Kommando müssen sie aufstehen, zum Platz des Gegners gehen, den Stuhl ertasten, sich darauf setzen und die Schnur zu sich ziehen.

Nicht verwechseln!

Die Kinder stehen in Linie zu einem Glied. Der Spielleiter macht ihnen einige Übungen vor, die auf den ersten Blick sehr einfach zu sein scheinen, aber doch recht schwierig sind. Diese Übungen sollen die Kinder nachmachen. Der Spielleiter sagt: »Legt die Hände auf die Oberschenkel, klatscht vor dem Körper in die Hände, faßt mit der rechten Hand an die Nase, mit der linken Hand ans rechte Ohr, klatscht dann wieder in die Hände, faßt mit der linken Hand an die Nase und mit der rechten Hand ans linke Ohr. Wiederholt die Übung in derselben Reihenfolge mehrmals und erhöht dabei allmählich das Tempo. Nur verwechselt nicht, wo bei euch die Nase und wo das Ohr, wo die rechte und wo die linke Seite ist.«

Nase — Ohr — Nase

Der Spielleiter wendet sich mit folgenden Worten an die Spieler: »Berührt mit dem Zeigefinger eurer rechten Hand die Nase und sagt dabei: ›Nase‹. Noch einmal und noch einmal. Ich werde dasselbe tun. Doch wenn ich z. B. ›Stirn‹ sage, müßt ihr sofort die Stirn berühren.« Das Spiel beginnt. Der Spielleiter sagt: »Nase — Nase — Nase — Nase — Ohr!« Bei dem Wort »Ohr« zeigt er aber auf das Kinn, und viele tun unwillkürlich dasselbe.

Nach der Glocke suchen

2 Stühle werden 8 bis 10 m voneinander entfernt aufgestellt; auf jeden Stuhl wird ein kleines Glöckchen gelegt. Einander zugewandt, nehmen 2 Spieler neben den Stühlen Aufstellung.
Ihnen werden die Augen verbunden. Auf Kommando muß jeder von ihnen zum Stuhl seines Kameraden gehen, um ihn herumgehen, wieder an seinen Platz zurückkehren, die Glocke auf seinem Stuhl ertasten und damit läuten.
Wem das als erstem gelingt, ist Sieger.
Man kann die Glocken auch durch Klappern oder durch Stöcke, mit denen man auf den Stuhl klopfen muß, ersetzen.

Würfel in den Kreis werfen

Auf den Fußboden werden eine Linie und 2 bis 3 Schritt davon entfernt an unterschiedlichen Stellen 3 bis 5 Kreise (entsprechend der Anzahl der Würfel) gezeichnet. Der Abstand zwischen den Kreisen beträgt 2 bis 3 m, der Durchmesser der Kreise 20 bis 30 cm.
Die Spieler stellen sich nacheinander an der Linie auf und versuchen, sich die Lage der Kreise einzuprägen. Dann gibt

man ihnen die Würfel, verbindet ihnen die Augen und fordert sie auf, die Würfel in die Kreise zu werfen. Dafür werden Punkte vergeben.

Der verschwundene Hocker

2 Spieler mit verbundenen Augen setzen sich im Abstand von 2 bis 3 m auf 2 Hocker. Auf Kommando stehen sie auf und gehen 6 bis 8 Schritt nach vorn, drehen sich 3mal um ihre eigene Achse und kehren zu ihren Hockern zurück. Das aber ist nicht einfach; denn sehr oft gehen die Spieler in eine falsche Richtung.

Bei Dunkelheit durch den Wald

In der Mitte des Spielfeldes werden ungeordnet 8 bis 10 Kegel im Abstand von 70 bis 80 cm aufgestellt. Sie sollen Bäume im Wald symbolisieren. Den Spielern werden die Augen verbunden (es ist Nacht). Sie müssen auf die andere Seite des Spielfeldes gelangen und dabei die Bäume umgehen. Wer einen Kegel umwirft, erhält einen Strafpunkt. Wer die wenigsten Strafpunkte hat, ist Sieger.

Wer sind sie?

Die Namen mehrerer Märchenfiguren und bekannter Helden aus Kinderbüchern (z. B. Rotkäppchen, Zwerg Nase, Rumpelstilzchen, Buratino, Timur u. a.) werden deutlich auf einzelne Zettel geschrieben und den Spielern auf den Rücken geheftet. Niemand darf wissen, welcher Zettel auf wessen Rücken angebracht ist. Auf Kommando beginnen alle Spieler, im Zimmer umherzugehen. Jeder Spieler versucht, möglichst viele Namen bei den anderen Spielern zu erkennen und sich einzuprägen, gleichzeitig aber ist er bemüht, seinen eigenen Zettel nicht zu zeigen. Doch dürfen die Spieler während des Spiels nicht auf der Stelle stehenbleiben, sich nicht mit dem Rücken an die Wand lehnen und die anderen Kinder nicht festhalten, sondern sie müssen sich pausenlos bewegen.

Nach 3 Minuten gibt der Spielleiter ein zweites Kommando. Die Spieler stellen sich mit dem Rücken an die Wand. Jeder erhält Papier und Bleistift und wird aufgefordert, die Namen der Figuren aufzuschreiben, die er erkannt hat.

Wer die meisten Namen aufgeschrieben und den ihm verliehenen Namen geheimgehalten hat, ist Sieger.

In einem kleinen Raum sollten nicht mehr als 3 bis 5 Kinder an diesem Spiel teilnehmen.

Die Schnur

Die Spieler bilden einen Kreis und halten mit den Händen eine zusammengebundene Schnur fest. Der Spielführer geht im Kreisinnern auf und ab und versucht, irgend jemandem unverhofft auf die Hand zu schlagen. Die Spieler müssen versuchen, dem Schlag auszuweichen und die Hände rasch zurückzuziehen.

Der Spieler, den der Spielführer getroffen hat, muß an dessen Stelle in den Kreis, und das Spiel wird fortgesetzt.

Drei Übungen

Der Spielleiter führt 3 Übungen vor, die sich die Spieler einprägen sollen:

Nummer 1: die Arme in den Ellbogen anwinkeln, die Hände auf die Schultern legen;

Nummer 2: die Arme vorstrecken;

Nummer 3: die Arme hochheben.

Die Spieler machen 2- bis 3mal die Übungen nach, um sich die Nummer jeder Übung einzuprägen.

Der Spielleiter demonstriert nun eine Übung und nennt dabei die Nummer einer anderen. Die Spieler müssen jedoch die Übung der genannten Nummer ausführen.

Zwerge und Riesen

Die Spieler bilden einen Kreis. Wenn der Spielleiter »Riesen« sagt, stellen sich alle Kinder auf die Zehenspitzen und heben die Arme hoch, wenn er »Zwerge« sagt, kauern sich alle nieder und nehmen die Arme in Vorhalte. Zunächst wird das Spiel geprobt, dabei darf der Spielleiter keine Bewegungen machen. Beim Spiel selbst darf er dann von Zeit zu Zeit eine falsche Bewegung machen. Wer sich davon irritieren läßt, erhält einen Strafpunkt.

Wird das Spiel im Sitzen gespielt, strecken die Kinder beim Wort »Zwerge« die Arme vor und legen die Handflächen zusammen, beim Wort »Riesen« heben sie die Arme hoch.

Verbotene Bewegung

Die Spieler bilden einen Kreis. Der Spielleiter vereinbart mit ihnen, welche Bewegung sie nicht machen dürfen, z. B. dürfen sie sich nicht hinsetzen, dürfen nicht in die Hände klatschen oder dürfen nicht die Arme schwingen. Dann führt er verschiedene Bewegungen vor, und die Spieler machen sie ihm genau nach. Je verschiedenartiger und komischer diese Bewegungen sind, um so interessanter ist das Spiel. Plötzlich zeigt der Spielleiter die verbotene Bewegung. Jeder Spieler, der diese Bewegung aus Unaufmerksamkeit nachmacht, muß später tanzen, singen oder ein Gedicht aufsagen.

Variante: Man kann 2 Bewegungen zu verbotenen Bewegungen erklären und ausmachen, welche Bewegungen an deren Statt auszuführen sind; legt der Spielleiter beispielsweise die Hand auf den Hinterkopf, müssen sich die Spieler im Schneidersitz hinsetzen, beugt er sich vor, müssen sie 2mal in die Hände klatschen u. a.

Vor Spielbeginn sind alle Bewegungen gründlich zu üben.

Luft — Wasser — Erde — Wind

Die Spieler bilden einen Kreis. Der Spielführer steht in der Mitte, tritt auf einen Spieler zu, sagt zu ihm entweder das Wort »Luft«, »Wasser«, »Erde« oder »Wind« und zählt bis 5. In dieser Zeit muß der Spieler einen Vogel (Luft), einen Fisch (Wasser) oder ein anderes Tier (Erde) nennen bzw. sich auf der Stelle drehen (Wind). Wer nicht rechtzeitig eine Antwort geben kann, muß den Kreis verlassen. Danach wendet sich der Spielführer an einen anderen Spieler usw. Plötzlich sagt der Spielführer zu jemandem »Feuer«. Bei diesem Wort müssen alle Spieler die Plätze tauschen, und der Spielführer stellt sich auf den Platz eines Spielers.

Wer sich als letzter in den Kreis einordnet, wird Spielführer.

Wiederhole!

Ein Spieler nennt den Namen eines Tieres, z. B. »Löwe«. Der nächste wiederholt »Löwe« und fügt den Namen eines anderen Tieres hinzu: »Tiger«. Der dritte wiederholt »Löwe, Tiger« und ergänzt: »Nashorn«. Und so fügt jeder folgende Spieler nach Aufzählung aller vorher genannten Tiere einen neuen Tiernamen hinzu. Ist jemand außerstande, die Namen aller Tiere zu wiederholen, oder verwechselt er die Reihenfolge (darauf achtet der Schiedsrichter), scheidet er aus.

Es siegt, wer das beste Gedächtnis hat.

Anstelle der Tiernamen können andere Oberbegriffe (z. B. Blumen, Werkzeug, Städte) ausgewählt werden.

Mit Kalenderblättern

Jedem Spieler wird ein Blatt von einem Abreißkalender an die Brust geheftet. Die Blätter sind so auszuwählen, daß die Spieler die folgenden Aufgaben erfüllen können:

1. Die Spieler sollen eine Mannschaft zusammenstellen, die aus 5 gleichen Wochentagen (z. B. aus 5 Dienstagen oder 5 Sonnabenden), ganz gleich welchen Datums, besteht. Es siegt die Mannschaft, die als erste komplett ist. (Alle 5 Spieler stellen sich im Kreis auf, heben die Arme und nennen im Chor ihren Wochentag.)

2. Die Spieler sollen eine Mannschaft zusammenstellen, die aus allen sieben Wochentagen besteht (Datum und Monat sind dabei unwichtig). Es siegt die Mannschaft, die als erste in Linie angetreten ist.

3. Die Spieler sollen den vergangenen Tag finden (z. B. sucht der »5. September« den »4. September« usw.). Es siegt das

Paar, das sich als erstes beim Spielleiter eingefunden hat.

4. Die Spieler sollen sich so zusammenfinden, daß mit ihren Zahlen auf den Kalenderblättern das Jahre 1982 (oder ein anderes, vom Leiter genanntes Jahr) gebildet werden kann. Es siegen die vier Spieler, die sich als erste zur gewünschten Zahl formiert haben.

5. Die Spieler sollen sich so zusammenstellen, daß die Zahlen auf ihren Kalenderblättern eine bestimmte Summe ergeben (z. B. 47). Es siegen die Spieler, die diese Aufgabe als erste erfüllt haben.

Was hat sich verändert?

10 bis 15 unterschiedliche Spielsachen (oder andere Gegenstände) werden an sichtbarer Stelle ungeordnet aufgestellt. Alle Spieler betrachten sie aufmerksam und entfernen sich dann aus dem Zimmer. Der Spielleiter stellt nun 2 oder 3 Spielsachen um (nimmt sie fort, legt andere dazu oder ersetzt sie durch andere). Anschließend sollen die Spieler sagen, was sich verändert hat.

Variante: Man kann Veränderungen in dem Raum vornehmen, in dem sich vorher die Kinder aufgehalten haben: Stühle umstellen, Bücher und Spielzeug an einen anderen Platz legen, Blumen umstellen, ein Fenster öffnen oder schließen, Vorhänge zur Seite ziehen usw. Wenn die Kinder wieder den Raum betreten, sollen sie die während ihrer Abwesenheit vorgenommenen Veränderungen feststellen.

Wer dabei die beste Beobachtungsgabe beweist, ist Sieger.

Spiele am Tisch

Eine kleine Nuß

Die Spieler werden in 2 Mannschaften eingeteilt und nehmen zu beiden Seiten eines Tisches Platz. Jede Mannschaft wählt sich einen Kapitän. Der Kapitän der ersten Mannschaft erhält eine kleine Nuß (oder einen anderen kleinen Gegenstand); er nimmt die Hände unter den Tisch und übergibt die Nuß einem anderen Spieler seiner Mannschaft. Dieser gibt sie weiter, und so wandert die Nuß von Hand zu Hand in unterschiedlicher Richtung hin und her.

Plötzlich ruft der Kapitän der zweiten Mannschaft laut: »Achtung, Hände auf den Tisch!« Auf dieses Kommando müssen alle Spieler schnell die Hände mit den Handflächen nach unten auf den Tisch legen. Der Kapitän der Gegnermannschaft muß nun herausfinden (an der Lage der Hände, am Gesichtsausdruck der Spieler, am Geräusch usw.), wer die Nuß hat. Dabei dürfen ihn seine Mannschaftsmitglieder beraten. Jeder Spieler muß dem Kapitän die Hand vorzeigen, auf die dieser tippt. Ist die Nuß darunter, gewinnt seine Mannschaft einen Punkt, und die Mannschaften tauschen ihre Rollen. Konnte die Nuß aber nicht entdeckt werden, bleibt sie bei der ersten Mannschaft und geht erneut unter dem Tisch von Hand zu Hand.

Wer fliegt?

Jeder Spieler legt einen Zeigefinger auf den Tisch. Wenn der Spielleiter sagt: »Die Taube fliegt«, heben alle den Finger in die Höhe. Dann werden andere Vögel und Insekten genannt (»Der Spatz fliegt«, »Die Biene fliegt« usw.), und alle heben den Finger. Wenn der Spielleiter aber plötzlich sagt: »Die Kuh fliegt« oder »Der Fisch fliegt« usw., dürfen die Spieler ihre Finger nicht hochheben. Wer sich irrt, erhält einen Strafpunkt. Es siegen die aufmerksamsten Spieler, die bei Spielende die wenigsten Strafpunkte haben.

Mit verbundenen Augen

Für dieses Spiel werden mehrere Sätze Stäbchen (z. B. Rechenstäbchen) benötigt. Jeder Satz muß 15 bis 20 Stäbchen in 4 bis 5 Größen (z. B. von 3, 4, 5, 6 und 7 cm Länge) enthalten. Damit die Sätze nicht verwechselt werden können, muß jeder Satz eine andere Farbe haben. Den Spielern werden die Augen verbunden, und jeder erhält einen Satz Stäbchen. Die Spieler müssen sie nun der Größe nach sortieren und auf getrennte Häufchen legen.

Wer diese Aufgabe am besten und am schnellsten erfüllt, ist Sieger.

Variante: Die Stäbchen sind nach 2 Merkmalen zu unterscheiden: nach der Länge und nach der Stärke.

Mäuschen

Für das Spiel benötigt man 6 Mäuschen unterschiedlicher Farbe, einen Spielwürfel mit unterschiedlich gefärbten Seiten (wie die Mäuse) und einen Plastbecher.

Die Mäuse werden von einer Halbrundleiste abgesägt (man kann sich auch mit Holzklötzchen begnügen), werden bemalt, und an jedem Mäuschen wird eine lange Schnur (der Schwanz) befestigt.

Die Mäuschen werden in der Mitte des Tisches kreisförmig angeordnet. Jeder Spieler hält sein Mäuschen am Schwanzende fest. Der Spielführer (die Katze) erhält den Würfel und den Becher.

Der Spielführer würfelt, und alle Spieler passen auf, welche Farbe nach oben zeigt. Liegt z. B. die rote Seite des Würfels oben, muß der Spieler mit dem roten Mäuschen dieses schnell zurückziehen. Der Spielführer aber versucht, es mit dem Becher zu fangen.

Bei jedem Würfeln ist der Spielführer bemüht, das Mäuschen

mit der gewürfelten Farbe zu fangen, die Mäuse aber versuchen zu entfliehen. Wessen Mäuschen gefangen wurde, der wird neuer Spielführer.

Fünfkampf am Tisch

5 bis 8 Kinder können an diesem Wettkampf teilnehmen. Alle setzen sich an einen großen Tisch. Der Spielleiter legt vor jeden ein Sortiment folgender Gegenstände hin: eine Nadel mit kleinem Öhr und einen kurzen Faden, einen Bleistift und einen Briefumschlag, in dem sich ein Blatt Papier mit einer ungelösten Rechenaufgabe befindet (zwei mehrstellige Zahlen addieren oder multiplizieren), ein Blatt Papier mit einer Zeichnung darauf (die Darstellung eines Tieres oder einer beliebigen geometrischen Figur), eine Schere, ein Stück Schnur von 1 m Länge, ein Blatt Papier, auf dem oben ein Buchstabe steht.
Auf Kommando beginnen alle Spieler gleichzeitig, folgende Aufgaben so schnell wie möglich zu lösen:
1. den Faden in die Nadel fädeln und am Ende einen Knoten machen,
2. die Rechenaufgabe lösen,
3. die gezeichnete Figur ausschneiden,
4. mit der Schnur 10 einfache Knoten knüpfen,
5. zu dem vorgegebenen Buchstaben die Namen von 5 Städten (Tieren, Pflanzen usw.) aufschreiben.
Man kann sich auch andere Aufgaben ausdenken, z. B.
— eine auf einen Flicken übertragene Zeichnung mit Steppstich nachsticken,
— einen Knopf annähen,
— einen Bleistift anspitzen,
— ein Buch einschlagen usw.
Wer die Aufgabe am schnellsten und besten erfüllt hat, ist Sieger dieses Fünfkampfes.

Spielstunde
(8 Musterspielprogramme)

Horterziehern fällt es oftmals schwer, konkrete Spiele für die
Beschäftigungen der Kinder unter ganz bestimmten Bedingungen auszuwählen. Mit den folgenden Programmen soll den
Erziehern geholfen werden, eine Spielstunde auf dem Hof, auf
einem Spielfeld, in einem geräumigen Saal, auf dem Korridor,
in einem kleinen, aber leeren Zimmer oder im Klassenraum
durchzuführen.
Die vorgeschlagenen Programme sind Musterprogramme. Der
Leiter kann sie nach Belieben reduzieren oder ergänzen. Er
sollte auch in Betracht ziehen, daß man alle Zimmerspiele
(insbesondere die Bewegungsspiele) bei günstigen Witterungsbedingungen im Freien durchführen kann, weil das der Gesundheit der Kinder stets zuträglicher ist, und daß umgekehrt
viele Spiele, die für den Aufenthalt im Freien empfohlen
werden, bei schlechtem Wetter in den Raum verlegt werden
können, sofern ein geräumiger Saal zur Verfügung steht.
Man sollte nicht bei jeder Beschäftigung nur neue Spiele einführen. 2 oder 3 neue Spiele, und auch das nur dann, wenn
sie einfach und verständlich sind, sind das Maximum dessen,
was man den Kindern bei einer Beschäftigung zumuten kann.
In unseren Programmen jedoch wiederholen sich die Spiele
nicht. Das muß unbedingt berücksichtigt werden. Deshalb
sollte man neue Spiele stets im Wechsel mit anderen, bereits
früher bekannten Spielen wiederholen.

Bei der Zusammenstellung der Programme für Bewegungsspiele waren wir bemüht, als erstes ein relativ einfaches Spiel
vorzuschlagen. Mit diesem Spiel sollen alle Kinder in die
aktive Tätigkeit einbezogen, soll eine fröhliche, muntere
Stimmung geschaffen werden.

Danach folgen Spiele mit komplizierteren Regeln. Bewegungsspiele wechseln mit bewegungsarmen Spielen, mit Scherz-
spielen und Spielen zur Schulung der Aufmerksamkeit ab
sowie mit lustigen Wettkämpfen, bei denen nur eine kleine
Anzahl Spieler beteiligt ist; die übrigen sind in dieser Zeit
Zuschauer.

Das Klassenzimmer ist nicht der beste Ort zum Spielen.
Häufig steht jedoch kein anderer Raum zur Verfügung. Wir
hielten es deshalb für notwendig, spezielle Spielprogramme
für den Aufenthalt im Klassenraum aufzustellen, und be-
mühten uns, in diese Programme auch Bewegungsspiele auf-
zunehmen.

Aus den in diesem Buch angeführten Spielen lassen sich auch
andere Programme für die Spielstunde zusammenstellen,
darunter Programme zu einem bestimmten Thema, z. B. »Alt-
bekannte Spiele«, »Staffelspiele«, »Spiele mit Musik und Tanz«.

AUF DEM HOF
ODER AUF EINEM SPIELFELD

1. Programm

Laß den Ball nicht durch!

Die Spieler bilden einen Kreis und legen einander die Hände
auf die Schultern. In der Mitte des Kreises steht der Spielführer. Er versucht, einen Ball mit dem Fuß aus dem Kreis zu
schießen; die übrigen Spieler bemühen sich, das zu verhindern
und den Ball wieder in die Kreismitte zurückzustoßen. Schießt
der Spielführer den Ball über die Arme oder den Kopf eines
Spielers hinweg aus dem Kreis, wird der Schuß nicht gewertet.
Schießt er ihn an den Beinen eines Spielers vorbei, darf er sich

124

in den Kreis einreihen, und der Spieler, der den Ball durch-
gelassen hat, wird neuer Spielführer.

Fußangel

Für das Spiel benötigt man eine 3 bis 4 m lange Schnur. An
das eine Ende der Schnur wird ein kleiner (faustgroßer) Sand-
sack gebunden.
Die Spieler bilden einen Kreis. In der Mitte des Kreises befindet sich der Spielleiter; er hält das freie Ende der Schnur
in den Händen, schwingt die Schnur herum und versucht,
einen Spieler mit dem am Boden kreisenden Sandsäckchen zu
treffen. Die Spieler wiederum versuchen, dem Sandsäckchen
auszuweichen und springen hoch.
Wer 3mal von dem Sandsäckchen gestreift wurde, scheidet
aus.

Ballabgabe

Die Spieler stellen sich 1 bis 2 Schritt voneinander entfernt
im Kreis auf. Sie zählen zu zweien ab und bilden auf diese
Weise 2 Mannschaften. Die Mannschaftskapitäne werden
bestimmt; sie müssen nebeneinander stehen und erhalten je
einen großen Ball. Auf Kommando werfen sie die beiden Bälle
in entgegengesetzter Richtung den nächststehenden Spielern
ihrer Mannschaft zu. Diese werfen die Bälle wieder den
nächsten Spielern ihrer Mannschaft zu usw. Ist der Ball zum
Kapitän zurückgekehrt, muß dieser ihn hochheben.
Die Mannschaft, die am schnellsten war, ist Sieger.

Sperber und Sperlinge

In der Mitte des Spielfeldes wird eine Linie markiert. Parallel
dazu werden im Abstand von 10 bis 15 m auf beiden Seiten
2 weitere Linien gezogen, Dahinter liegen die Lager der beiden
Spielparteien.
Die Spieler beider Mannschaften treten in Linie zu einem
Glied zu beiden Seiten der Mittellinie, den Rücken einander

zugewandt und einen Schritt voneinander entfernt, an. Die eine Mannschaft stellt die Sperber, die andere die Sperlinge dar.

Der Spielleiter ruft plötzlich eine Mannschaft auf, z. B. »Sperlinge!« Daraufhin flüchten die Sperlinge schnell in ihr Lager. Doch die Sperber drehen sich um, verfolgen sie und versuchen, sie abzuschlagen, bevor sie die Linie ihres Lagers überquert haben. Die gefangenen Spieler werden gezählt und anschließend zu ihrer Mannschaft entlassen.

Das Spiel wird mehrmals wiederholt.

Der Spielleiter sollte den Namen der Mannschaft laut, deutlich und langsam rufen, damit bis zum letzten Moment niemand weiß, ob er fliehen oder verfolgen muß.

Für jeden gefangenen Spieler wird ein Punkt angerechnet. Es siegt die Mannschaft, die bei Spielende die meisten Punkte erzielt hat.

2. Programm

Flechtzaun

Die Spieler bilden 2 Mannschaften und treten im Abstand von 10 bis 15 m einander gegenüber in Linie an. Die Kinder bilden

einen Flechtzaun (siehe Abb.) oder sie verschränken die Arme vor dem Körper, fassen mit der rechten Hand die linke Hand des linken Nachbarn und mit der linken Hand die rechte Hand des rechten Nachbarn. Dann gehen beide Mannschaften mit gesenkten Armen aufeinander zu, und alle Spieler sagen im Chor:

Eins und zwei und drei und vier,
den Befehl erfüllen wir.
Niemand auf der ganzen Welt
so wie wir zusammenhält!

Diese Worte wiederholend, gehen die Mannschaften wieder zurück. Sobald der Spielleiter das Kommando gibt, laufen die Kinder auseinander, bilden einen großen Kreis in der Mitte des Spielfeldes und tanzen fröhlich umher. Auf ein zweites Kommando müssen sie an ihre Plätze zurückkehren, in Linie zu einem Glied antreten und mit den Armen wieder einen Flechtzaun bilden.

Es gewinnt die Mannschaft, die das am schnellsten schafft.

Pfad — Graben — Berg

Die Spieler teilen sich in Gruppen zu 6 bis 10 Kindern auf. Jede Gruppe faßt sich bei den Händen, bildet einen Kreis und läuft rechtsherum. Dann ruft der Spielleiter »Pfad!«, und die Spieler jedes Kreises müssen eine Kette bilden und sich hinsetzen. Ruft der Spielleiter »Graben!«, teilt sich jeder Kreis in zwei Untergruppen, die Spieler beider Gruppen fassen sich bei den Händen und heben sie hoch. Ruft er »Berg!«, treten die Kinder abermals in Kette an, doch dabei richten sich die ersten zu voller Größe auf und die hinter ihnen stehenden hocken sich hin — sie bilden also einen Berg.

Erst wenn alle Kinder die Kommandos des Spielleiters richtig ausführen können, beginnt das Spiel. Die Gruppe, die die Aufgaben früher und besser als die anderen erfüllt hat, erhält einen Punkt. Dann wird das Spiel wiederholt.

Es gewinnt die Gruppe mit der höchsten Punktzahl.

Herausforderung

Die Spieler teilen sich in 2 Mannschaften. 20 bis 25 m voneinander entfernt werden die Grenzen der Mannschaften markiert. An diesen Grenzen treten die Mannschaften einander gegenüber in Linie zu einem Glied an. Der Reihe nach entsendet jede Mannschaft je einen ihrer Spieler zum Gegner. Läuft ein Spieler der ersten Mannschaft zum Gegner, müssen alle Spieler der zweiten Mannschaft die rechte Hand vorstrecken. Der Herangekommene schlägt einem der Mitspieler 3mal bzw. 3 Mitspielern je einmal auf die Hand. Der Spieler, der den dritten Schlag erhalten hat, muß den Gegner verfolgen und abschlagen. Gelingt ihm das, nimmt er ihn gefangen und stellt ihn hinter sich. Gelingt ihm das nicht, muß er selbst in Gefangenschaft gehen. Danach entsendet die andere Mannschaft ihren Spieler.

Es siegt die Mannschaft, die bei Spielende die meisten Gefangenen hat.

Eichhörnchen, Nüsse und Tannenzapfen

Die Spieler bilden Dreiergruppen, wobei jeweils ein Spieler das Eichhörnchen, einer die Nuß und einer der Tannenzapfen ist. Die Spieler jeder Dreiergruppe fassen einander bei den Händen und bilden einen Kreis. Der Spielführer steht in der Mitte des Spielfeldes und ruft »Eichhörnchen!« — und alle als Eichhörnchen bezeichneten Spieler müssen die Plätze tauschen. In dieser Zeit versucht der Spielführer, einen frei gewordenen Platz einzunehmen. Gelingt ihm das, wird er ein Eichhörnchen, und der Spieler, der ohne Platz geblieben ist, wird Spielführer. Auf das Kommando »Nüsse!« oder »Tannenzapfen!« tauschen andere Spieler ihre Plätze.

Wenn das Spiel in vollem Gange ist, kann man auch das Kommando »Eichhörnchen, Nüsse, Tannenzapfen!« geben. Dann müssen alle Spieler ihre Plätze tauschen.

Im Saal oder im Korridor

1. Programm

Falle

Die Spieler bilden 2 Kreise, einen Innenkreis und einen
Außenkreis, und halten sich bei den Händen. Beide Kreise
bewegen sich in entgegengesetzter Richtung. Auf Kommando
bleiben beide Kreise stehen. Die Spieler des Innenkreises heben
die Arme und bilden Tore. Die Spieler des Außenkreises
laufen durch die Tore hindurch, bald in den Kreis hinein, bald
aus ihm heraus. Ein zweites Kommando wird gegeben, und
die Arme werden gesenkt — die Falle schnappt zu. Die Spieler,
die sich im Kreis befinden, fassen die übrigen Spieler des Innenkreises bei den Händen, und das Spiel wird wiederholt.
Wenn im Außenkreis zuwenig Spieler übriggeblieben sind,
wird aus ihnen der Innenkreis gebildet, und das Spiel beginnt
von vorn.

Einhaken

Die Spieler gehen paarweise zu Musik oder Gesang im Kreis
herum. 2 Spieler befinden sich außerhalb des Kreises; einer
von ihnen läuft weg, der andere verfolgt ihn und versucht ihn
abzuschlagen. Um sich vor dem Verfolger zu retten, hakt sich
der Flüchtende bei einem der im Kreis herumgehenden Spieler
ein. Sogleich muß der bisherige Partner dieses Spielers vor dem
Verfolger weglaufen. Gelingt es dem Verfolger, den Flüchtenden abzuschlagen, bevor sich dieser bei jemandem einhaken
kann, tauschen beide die Rollen. Gelingt es ihm nicht, muß
der Verfolger weiterhin versuchen, den flüchtenden Spieler zu
fangen.

Verkehrsampel

2 Mannschaften von je 12 bis 15 Kindern treten im Halbkreis
links bzw. rechts vom Spielleiter an. Der Spielleiter hält

2 Kartonscheiben — die Ampel — in den Händen. Die eine Scheibe ist auf einer Seite gelb und auf der anderen Seite grün, die andere Scheibe ist auf einer Seite gelb und auf der anderen rot.

Der Spielleiter erinnert die Kinder daran, wie wichtig es ist, sich nach den Straßenverkehrsregeln zu richten, nur auf Fußgängerüberwegen die Fahrbahn zu überqueren, erst nach links und dann nach rechts zu schauen und sich zu überzeugen, wo eine Ampel den Verkehr regelt. Dann singen alle Kinder gemeinsam das Lied von der Verkehrsampel:

Bei »Rot« bleibe stehn,
bei »Grün« kannst du gehn.
Bei »Rot« mußt du warten,
bei »Grün« darfst du starten,
das merke dir gut
und sei auf der Hut!*

Danach erklärt der Leiter die Spielregeln: Wird das grüne Signal der Ampel gezeigt, marschieren alle auf der Stelle (mit dem linken Bein ist zu beginnen) — wird das gelbe gezeigt, klatschen alle in die Hände — wird das rote gezeigt, stehen alle unbeweglich. Wer das Signal verwechselt, muß einen Schritt zurückgehen.

Die Signale müssen unverhofft und in unterschiedlichen Zeitabständen gewechselt werden.

Es gewinnt die Mannschaft, deren meiste Spieler bei Spielende noch am selben Platz stehen.

Wer ist der Anstifter?

An diesem Spiel können 20 bis 30 Kinder teilnehmen. Sie bilden einen Kreis. Ein Spieler aus ihrer Mitte — der Rater — muß sich für eine Weile entfernen. Während seiner Abwesenheit wählen die Spieler aus ihrer Mitte einen Anstifter. Er macht unterschiedliche Bewegungen vor (in die Hände klatschen, die Hände über den Kopf heben, den Kopf schütteln usw.), und alle Spieler machen sie genau nach.

* Aus: Sputnik, Sputnik, kreise. VEB Friedrich Hofmeister Musikverlag, Leipzig o. J. (1980), S. 14 f.

130

Der Rater kehrt zurück, wenn alle die erste Bewegung machen. Dann folgt die zweite Bewegung, die dritte usw. Der ratende Spieler muß aufmerksam beobachten und festzustellen versuchen, wen die Kinder nachahmen, wer der Anstifter ist. Der Anstifter aber ist bemüht, die neue Bewegung unauffällig einzuführen.

Erkennt der Rater den Anstifter, ist das Spiel zu Ende oder wird mit einem neuen Rater und einem neuen Anstifter wiederholt. Erkennt er den Anstifter nicht, wird ein neuer Rater gewählt.

2. Programm

Kosmonauten

Vor Spielbeginn sollte man mit den Kindern kurz über die Eroberung des Kosmos sprechen und sie mit den Namen einiger Planeten bekannt machen.

Für das Spiel sind an verschiedenen Ecken des Raumes die Umrisse von Raketen auf den Fußboden zu zeichnen und in jeder Rakete 3 bis 5 Plätze für die Passagiere zu markieren; es müssen aber weniger Plätze als Spieler sein.

Neben die Raketen können Schildchen mit den Reiserouten der Raketen gelegt werden: »Erde — Mond — Erde«, »Erde — Mars — Erde«, »Erde — Neptun — Erde«, »Erde — Venus — Erde«, »Erde — Saturn — Erde«.

Die Kinder fassen sich bei den Händen, gehen im Kreis herum und sprechen im Chor:

Auf uns warten die Raketen,
bringen uns zu den Planeten.
Wohin uns auch steht der Sinn,
die Rakete bringt uns hin.
Aber eins, das merke dir:
Wer zu spät kommt, der bleibt hier!

Sobald das letzte Wort gesprochen ist, laufen alle Kinder auseinander, bemüht, einen freien Platz in einer Rakete einzunehmen. Die Spieler, die keinen Platz gefunden haben,

kommen in der Mitte des Kreises zusammen. Dann nennen die Raketenbesatzungen der Reihe nach im Chor ihre Reiserouten. Danach kehren alle in den gemeinsamen Kreis zurück, und das Spiel wird wiederholt.

Als Sieger gelten die Spieler, die bei 3maliger Wiederholung des Spiels die meisten Flüge absolviert haben.

Die Post kommt durch alle Städte

Die Spieler bilden einen großen Kreis und gehen auf doppelten Armabstand auseinander. Jeder markiert seinen Platz durch einen kleinen Kreis. Ein Spieler steht in der Mitte des großen Kreises, er ist der Postbote. Jedem Mitspieler (auch dem Postboten) wird der Name einer Stadt verliehen. Der Spielleiter sagt z. B.: »Die Post geht von Dresden nach Rostock« (oder er nennt andere Städte). Die Spieler, deren Städtenamen genannt wurden, müssen so schnell wie möglich die Plätze tauschen. Der Postbote aber versucht in dieser Zeit, einen der freien Plätze einzunehmen. Gelingt ihm das, wird der Spieler, der ohne Platz geblieben ist, Postbote. Gelingt es dem Postboten lange nicht, einen freien Platz einzunehmen, kann der Spielleiter sagen: »Die Post kommt durch alle Städte!« Dann müssen alle Spieler die Plätze tauschen, und dem Postboten fällt es nun leicht, sich an einen frei gewordenen Platz zu stellen.

Bevor sich die einzelnen Spieler Städtenamen aussuchen, muß der Spielleiter herausfinden, welche Städte sie überhaupt kennen. Er kann selbst die Namen einiger Städte vorschlagen, z. B. die Namen der Bezirkshauptstädte der DDR (Dresden, Berlin, Karl-Marx-Stadt, Leipzig usw.).

Den Kegel wegtragen

2 gleich starke Mannschaften treten an den 20 bis 25 Schritt voneinander entfernten gegenüberliegenden Seiten eines Spielfeldes an. In die Mitte des Spielfeldes wird eine Keule oder ein Kegel gestellt. Eine Mannschaft stellt den Aufklärer, die andere den Wachposten. Der Aufklärer muß versuchen, den Kegel wegzunehmen, der Posten muß das zu verhindern suchen.

Der Aufklärer nähert sich langsam dem Kegel und versucht, durch die verschiedensten Bewegungen die Aufmerksamkeit des Postens abzulenken. Der Wachposten muß diese Bewegungen genau nachmachen und sich mit derselben Geschwindigkeit bewegen wie der Aufklärer, gleichzeitig aber muß er auf den Kegel achtgeben. In einem günstigen Augenblick ergreift der Aufklärer den Kegel und läuft mit ihm in sein Lager. Der Posten muß ihn verfolgen und abzuschlagen versuchen.

Ist es dem Aufklärer gelungen, den Kegel wegzutragen, erhält seine Mannschaft einen Punkt, ist es ihm nicht gelungen, erhält die Mannschaft des Gegners den Punkt. Danach werden andere Spieler zum Aufklärer und Wachposten bestimmt (die Mannschaft, die vorher den Aufklärer gestellt hat, stellt jetzt den Wachposten und umgekehrt).

Es gewinnt die Mannschaft, die bei Spielende die höchste
Punktzahl erzielt hat.

Geht schnell, paßt auf und hört auf mich!

Die Spieler treten an einem Ende des Spielfeldes in Linie zu
einem Glied an. Am anderen Ende steht der Spielführer mit
dem Rücken zu den Spielern und mit dem Gesicht zur Wand.
Er hält die Hände vor das Gesicht und sagt: »Geht schnell,
paßt auf und hört auf mich! Halt!« Während er diese Worte
spricht, nähern sich ihm die Spieler so schnell wie möglich.
Beim Kommando »Halt!« müssen sie jedoch unverzüglich
stehenbleiben und regungslos auf der Stelle verharren. Der
Spielführer schaut sich rasch um. Bemerkt er, daß sich ein
Spieler noch bewegt, schickt er ihn zur Ausgangslinie zurück.
Danach stellt er sich abermals an die Wand und spricht
dieselben Worte.
Das wird so lange fortgesetzt, bis es einem Spieler gelingt, sich
dem Spielführer so weit zu nähern, daß er ihn berühren kann,
bevor sich dieser umschaut. Sofort laufen alle Spieler hinter
ihre Linie, der Spielführer aber verfolgt sie und versucht, einen
Spieler abzuschlagen. Dieser Spieler wird dann neuer Spielführer.

IN EINEM KLEINEN RAUM

1. Programm

Wind und Wetterfahnen

Der Spielleiter wiederholt vor dem Spiel mit den Kindern die
Himmelsrichtungen — Norden, Süden, Osten, Westen.
Der Spielleiter stellt den Wind, die Kinder die Wetterfahnen
dar. Wenn der Spielleiter sagt: »Der Wind weht von Norden«,
müssen sich die Wetterfahnen mit dem Gesicht nach Süden
drehen, weht der Wind von Westen, müssen sie sich nach
Osten wenden usw. Sagt der Spielleiter: »Sturm«, müssen sich

die Wetterfahnen auf der Stelle drehen, sagt er: «Der Wind weht aus unterschiedlichen Richtungen», schaukeln sie leicht auf der Stelle hin und her, und sagt er: »Windstille«, verharren sie reglos.

Damit sich die Kinder die Regeln einprägen, sollte das Spiel vorher geprobt werden. Dann wird in raschem Tempo gespielt. Man kann 2- und 3mal hintereinander ein und dieselbe Windrichtung nennen. Dann darf sich kein Spieler umdrehen.

Die Spieler, die dabei die wenigsten Fehler machen, sind Sieger.

So schnell wie möglich

2 Stühle werden im Abstand von 8 bis 10 m einander gegenübergestellt. 2 Spieler nehmen mit verbundenen Augen darauf Platz. Auf Kommando müssen sie so schnell wie möglich zum gegenüberliegenden Stuhl gehen, ihn berühren und zurückkehren.

Wer als erster wieder auf seinem Stuhl Platz nimmt, ist Sieger.

Steh still!

Die Spieler bilden einen Kreis. Der Spielführer geht im Kreis herum, bleibt vor einem Spieler stehen und sagt laut: »Arme!« Der angesprochene Spieler muß stillstehen, seine Nachbarn aber müssen die Arme heben: der rechte Nachbar den linken, der linke Nachbar den rechten Arm.

Wer sich irrt und den falschen Arm hebt oder nicht aufpaßt, wird neuer Spielführer.

Volleyball mit Luftballons

In etwa 1,5 m Höhe wird eine Leine von einer Wand zur anderen gespannt. Als Ball dienen 2 zusammengebundene Luftballons, in denen sich einige Tropfen Wasser befinden. Das macht sie etwas schwerer, und ihr Flug wirkt infolge der sich ständig verlagernden Schwerkraft sehr komisch.

Die Mannschaften (je 3 bis 4 Kinder) nehmen zu beiden Seiten der Leine Aufstellung. Wie beim Volleyballspiel versuchen die Spieler, die Luftballons auf die Seite des Gegners zu pritschen und bemühen sich, sie im eigenen Feld nicht auf den Boden fallen zu lassen (dafür gibt es einen Strafpunkt).

Es siegt die Mannschaft, die bei Spielende (nach 5 bis 7 Minuten) die wenigsten Strafpunkte hat.

Das Spiel wird mit einer anderen Mannschaftsbesetzung wiederholt.

2. Programm

Verbotene Wörter

Die Spieler bilden einen Kreis. Der Spielführer geht im Kreis herum, bleibt vor einem Spieler stehen und sagt:

Oma schickte hundert Mark uns,

was ihr wollt, kauft davon ein,

schwarz und weiß darf es nicht sein.

Sagt nicht »ja« und sagt nicht »nein«.

Danach stellt er dem Spieler Fragen, auf die dieser antworten muß, ohne jedoch die verbotenen Wörter »schwarz«, »weiß«, »ja« und »nein« zu verwenden.

Folgender Dialog wäre denkbar:

»Gefällt dir das Wetter heute?«

»Es ist schlechtes Wetter.«

»Aber ist dir nicht warm?«

»Im Gegenteil, mir ist kühl.«

»Warum hast du dann ein weißes Turnhemd angezogen?«

»Es ist nicht weiß.«

Der Spieler hat sich versprochen. Das Wort »weiß« durfte er nicht aussprechen, er muß ein Pfand geben. Dann wird das Spiel mit einem anderen Spieler fortgesetzt.

Nenne das Sechste!

Der Spielführer wendet sich an einen beliebigen Spieler: »Nenne das Sechste« — und zählt z. B. 5 Baumarten (Vogelarten, Fischarten usw.) auf. Kann der gefragte Spieler die Aufzählung des Spielführers sofort um einen sechsten Begriff erweitern, wird er selbst Spielführer und darf Fragen stellen. Wenn nicht, wendet sich der Spielführer an einen anderen Spieler.

Setz dich als erster!

An eine Stuhllehne werden 2 Schnüre von 4 bis 5 m Länge gebunden. 2 Spieler befestigen die Enden der Schnüre an ihrem Gürtel und stellen sich rechts bzw. links vom Stuhl bei straff gespannter Schnur auf. Auf Kommando beginnen sie sich zu drehen, bemüht, so schnell wie möglich die Schnur um sich herumzuwickeln, den Stuhl zu erreichen und darauf Platz zu nehmen.

Die Schnur muß die ganze Zeit über straff gespannt sein; man kann sie mit der Hand in Höhe der Gürtellinie halten. Damit der Stuhl nicht wegrutschen kann, sollte sich ein Spieler hinter ihn stellen und ihn an der Lehne festhalten. Die Spieler dürfen sich erst dann setzen, wenn sie mit der ganzen Schnur umwickelt sind.

Das Spiel wird mehrmals mit anderen Teilnehmern wiederholt.

Wo ist die Nase, wo das Ohr?

Die Spieler bilden einen Kreis. Der Spielführer geht im Kreis herum, bleibt vor einem Kind stehen, berührt einen beliebigen Körperteil, nennt aber den Namen eines anderen; er berührt z. B. sein Ohr, sagt aber: »Das ist meine Nase.« Der angesprochene Spieler muß augenblicklich auf seine Nase zeigen und sagen: »Das ist mein Ohr.« Antwortet er falsch, löst er den Spielführer ab.

Geräuschlos hindurchgehen

Mehrere Spieler stehen sich paarweise mit doppeltem Armabstand gegenüber; jedes Paar bildet ein Tor. Ihnen werden die Augen verbunden. Die übrigen Spieler teilen sich entsprechend der Anzahl der Tore in Gruppen auf und versuchen, einzeln durch das Tor hindurchzugehen. Dabei müssen sie geräuschlos und vorsichtig vorgehen, sie dürfen sich dabei bücken oder auf allen vieren kriechen. Beim leisesten Geräusch heben die im Tor stehenden Spieler die Arme und versperren den das Tor passierenden Spielern den Weg.

Es siegen die Spieler, die es geschafft haben, unbemerkt das Tor zu passieren.

Im Klassenzimmer

1. Programm

Spiel mit 3 Bällen

Die Kinder sitzen, wie in der Klasse üblich, auf Schulbänken. In jeder Reihe muß die gleiche Anzahl von Spielern sitzen. Jede Abteilung wählt einen Spieler der ersten Bankreihe zum Mannschaftskapitän. Alle 3 Kapitäne erhalten einen Ball und geben ihn, sobald das Kommando des Spielleiters ertönt, an die hinter ihnen sitzenden Spieler weiter. So wird jeder Ball im Sitzen nach hinten bis zum letzten Spieler gegeben. Dieser übergibt ihn seinem Nachbarn, und der Ball wandert nun nach vorn. Läßt jemand den Ball fallen, muß er ihn aufheben, wieder an seinen Platz zurückkehren und das Spiel fortsetzen. Ist der Ball zur ersten Bank zurückgekehrt und dem Kapitän übergeben worden, muß dieser aufstehen und den Ball hochheben. Das Spiel wird 3mal wiederholt.

Es siegt die Mannschaft, die dieses Spiel am häufigsten als erste beenden konnte.

Variante: Auf die ersten Bänke werden je 5 bis 6 verschiedene Gegenstände (ein Buch, ein Heft, ein Bleistift usw.) gelegt. Auf Kommando wird zunächst nur der erste Gegenstand nach hinten weitergegeben, dann der zweite, der dritte usw. Jeder Gegenstand wird, sobald er wieder vorn ist, auf den Tisch des Spielleiters gelegt.

Es siegt die Mannschaft, die das Weitergeben der Gegenstände als erste beendet hat.

Ja oder nein?

Der Spielleiter oder ein Spieler geht durch die Bankreihen und wendet sich bald an den einen, bald an den anderen Spieler mit einer Frage, z. B.: »Hast du heute in der Schule gefrühstückt?« »Hast du in Mathematik gute Zensuren?« »Ärgerst du kleine Kinder?« Der Gefragte muß schnell und kurz antworten und unbedingt die Worte »ja« bzw. »nein« in die Antwort einfügen, z. B. »Ja, ich habe heute in der Schule gefrühstückt.« Beantwortet ein Spieler die Frage positiv (ja), muß er den Kopf schütteln, beantwortet er sie negativ (nein), muß er mit dem Kopf nicken (wie es z. B. bei den Bulgaren üblich ist). Da diese Bewegungen völlig ungewohnt sind, irren sich viele und begleiten unwillkürlich die Antwort mit der falschen Kopfbewegung.

Lustige Maler

An diesem Spiel beteiligen sich 2 Mannschaften mit je 9 Spielern.
Die Spieler stellen sich in Reihe auf, eine Mannschaft im linken, die andere im rechten Gang zwischen den Bankreihen. Oben an der Tafel wird ein in 9 Kästchen unterteiltes Bild (z. B. die Abbildung eines Elefanten) befestigt. Die Kästchen sind numeriert. Unter das Bild werden 2 Quadrate (eins links, das andere rechts) für die beiden Mannschaften gezeichnet, ebenfalls in 9 Kästchen unterteilt und numeriert.
Auf Kommando laufen die Spieler mit der Nummer 1 zur Tafel und zeichnen in die Kästchen mit der Nummer 1 den Teil des Bildes, der mit 1 gekennzeichnet ist. Dann laufen die Spieler mit der Nummer 2 los und übertragen den Teil 2 der Abbildung in das Kästchen mit der Nummer 2. Das wird so lange fortgesetzt, bis alle Kästchen ausgefüllt sind und die Zeichnung vollendet ist.
Die Zuschauer legen gemeinsam den Sieger fest, wobei sie

berücksichtigen, welche Mannschaft als erste fertig war und wessen Zeichnung am besten gelungen ist.

Variante: Die Spieler übertragen nicht nacheinander die Teile der Abbildung in ihre Kästchen, sondern der Spielleiter nennt willkürlich die Nummern der Kästchen, die kopiert werden sollen (z. B. zuerst das Kästchen mit der Nummer 5, dann das mit der Nummer 1, mit der Nummer 9 usw.).

Gemeinsames Deklamieren

Ein Spieler wird gebeten, den Klassenraum zu verlassen. In seiner Abwesenheit werden die Anfangsworte eines Gedichtes oder Liedes unter verschiedenen Gruppen von Spielern aufgeteilt. Beim Liedanfang »In einem kleinen Apfel, da sieht es niedlich aus« z. B. werden 9 Spielergruppen gebildet: der einen wird das Wort »in«, der zweiten das Wort »einem«, der dritten das Wort »kleinen« usw. zugeteilt.

Wenn der Rater zurückkehrt, erklärt man ihm, daß die Kinder

140

im Chor die ersten 2 Zeilen eines Liedes sagen werden und daß er das Lied erraten soll. Der Spielleiter gibt das Kommando, und alle Kinder sagen gleichzeitig mehrmals hintereinander ihr Wort. Es entsteht ein allgemeines Stimmengewirr.

Gelingt es dem Rater, aus diesem Stimmengewirr einzelne Worte herauszuhören, und erkennt er das Lied oder Gedicht, wird ein anderer Spieler neuer Rater. Hat der ratende Spieler das Lied jedoch nicht erkannt, muß er ein anderes Lied oder Gedicht erraten.

Fünf Namen

2 Spieler, ein Junge und ein Mädchen (möglichst Vertreter von 2 Mannschaften), stellen sich am Ende der Gänge zwischen den Bankreihen auf. Auf Kommando müssen sie (zuerst der eine, dann der andere) mindestens 5 Schritt nach vorn gehen und bei jedem Schritt, ohne steckenzubleiben oder den Rhythmus zu verletzen, einen Vornamen (die Jungen einen Mädchennamen, die Mädchen einen Jungennamen) nennen.

Wer die meisten Namen nennen kann, ist Sieger.

Beteiligen sich ganze Mannschaften am Spiel, wird die Summe der genannten Vornamen gewertet.

Variante: Man kann 5 andere Worte (Substantive) zu einem bestimmten Thema (Tierwelt, Pflanzenwelt, Gebrauchsgegenstände usw.) nennen lassen.

Bim — bam — bum

Der Spielleiter erklärt den Kindern das Spiel: Wenn er einmal pfeift, sollen die Kinder der Wandabteilung »bim« rufen, wenn er 2mal pfeift, die Kinder der Fensterabteilung »bam«, und bei 3 Pfiffen sollen die Kinder der Mittelabteilung »bum« rufen.

Zunächst pfeift der Spielleiter einmal, dann 2mal, dann 3mal, und das wiederholt er mehrmals. Dann aber werden die Pfiffe durcheinander gegeben: 2mal, einmal, 3mal, 2mal usw.

Es siegt die Abteilung, die dabei die wenigsten Fehler macht.

Anstelle der Pfiffe kann er auch die Arme heben: den rechten Arm, den linken Arm, beide Arme gemeinsam.

2. Programm

Schlag den Luftballon zurück!

Für das Spiel benötigt man 5 Luftballons. Je 2 Luftballons erhalten die Mannschaften der Wand- und der Fensterabteilung, einen Luftballon erhält die Mannschaft der Mittelabteilung.

Auf Kommando versuchen alle Spieler, durch leichte Schläge mit der flachen Hand ihre Luftballons einer anderen Mannschaft zuzuspielen; denn wenn eine Mannschaft, und sei es nur für kurze Zeit, 3 Luftballons gleichzeitig hat, unterbricht der Spielleiter das Spiel und gibt dieser Mannschaft einen Strafpunkt.

Dann werden die Luftballons wie beim Spielbeginn verteilt, und das Spiel wird wieder aufgenommen.

Eine besondere Rolle kommt den Spielern der Mittelabteilung zu. Sie müssen sowohl die Ballons von links als auch die von rechts zurückschlagen. Um dabei organisiert vorgehen zu können, sollten sie vereinbaren, daß die Ballons nur von den Kindern zurückgeschlagen werden, die dem Gegener (d. h. der Fenster- bzw. der Wandabteilung) am nächsten sitzen.

Da Luftballons leicht in eine andere Richtung, als geplant, fliegen können, empfiehlt es sich, 2 Diensthabende zu bestimmen (diese stehen vor den Bankreihen), die die Ballons den Spielern wieder zuspielen.

Das Spiel wird mehrere Minuten lang fortgesetzt. Es siegt die Mannschaft, die die wenigsten Strafpunkte erhalten hat.

Die Zahl herausbekommen

Der Spielleiter heftet 5 Kindern einen Zettel mit einer beliebigen Zahl auf den Rücken, z. B. 3, 7, 1, 4 und 6. Keiner weiß, welche Zahl er erhalten hat, doch der Spielleiter nennt den Spielern die Summe aller Zahlen (21). Jeder Spieler soll nun herausbekommen, welche Zahl er auf dem Rücken trägt; er muß also die Zahlen der anderen 4 Spieler von der bekanntgegebenen Summe — 21 — subtrahieren. Doch kein

Spieler will seine Zahl zeigen. Deshalb bewegen sie sich vorsichtig; sie sind bemüht, hinter den anderen Spielern zurückzubleiben, um möglichst schnell alle Zahlen in Erfahrung zu bringen und gleichzeitig die eigene zu verbergen. Doch dürfen die Kinder nicht auf einer Stelle stehenbleiben oder sich an die Wand lehnen.

Wer als erster seine Zahl nennt, ist Sieger.

Das Spiel kann 2- bis 3mal wiederholt werden. Beim erstenmal sollten nur 3 Kinder an diesem Spiel teilnehmen.

Zeichnen mit verbundenen Augen

Nacheinander werden einzelne Kinder zur Tafel gerufen. Ihnen werden die Augen verbunden, und der Spielleiter fordert sie auf, z. B. ein Haus zu zeichnen: »Zeichne das Haus zunächst ohne Dach. Jetzt zeichne das Dach dazu, dann die Fenster und die Tür. Zeichne auf das Dach einen Schornstein. Rechts vom Haus steht eine kleine Tanne. Zeichne den Rauch, der aus dem Schornstein kommt. Ein kleiner Pfad führt zum Haus. Neben das Haus zeichne einen Zaun!«

Dann nimmt der Spieler die Augenbinde ab, und alle Anwesenden kommentieren lebhaft die Zeichnung, bei der Rauch aus dem Fenster kommt oder die Tür auf dem Dach des Hauses sein kann usw.

Andere Spieler werden zur Tafel gerufen, ihnen werden ebenfalls die Augen verbunden, und sie zeichnen Teil für Teil das, was ihnen der Spielleiter nennt oder was sie sich selbst ausdenken.

Wo sind die Kreise?

Der Spielleiter zeichnet 5 oder 6 Kreise von 12 bis 15 cm Durchmesser an die Tafel. 3 Spieler werden aufgefordert, sich die Anordnung der Kreise an der Tafel einzuprägen. Danach werden ihnen die Augen verbunden. Die Spieler müssen nun der Reihe nach zur Tafel gehen und in die Mitte jedes Kreises ihr Zeichen setzen (der eine z. B. ein Häkchen, der andere ein Kreuz und der dritte ein Dreieck). Danach werden ihnen die

Augenbinden abgenommen, und alle können die Ergebnisse ihrer »Treffsicherheit« sehen.

Wer seine Zeichen am präzisesten gesetzt hat, ist Sieger.

Das Spiel kann man 2- bis 3mal mit anderen Spielern wiederholen. Man kann auch die Spieler auffordern, mit verbundenen Augen an der Tafel 2 parallele Linien, ein gleichseitiges Dreieck oder eine andere Figur zu zeichnen.

Lustiges Zeichnen

Der Spielleiter zeichnet z. B. 4 geometrische Figuren an die Tafel und fordert die Spieler auf, diese Figuren auf ihrem Zeichenblatt zu vervollständigen (z. B. läßt sich der Kreis leicht in einen Luftballon verwandeln, der Halbkreis in eine Maus usw.). Wer will, darf anschließend seine Zeichnung an der Tafel wiederholen. Immer wieder fragt der Spielleiter, wem eine andere Zeichnung zu einer Figur eingefallen ist.

Die Summe zweier Zahlen

Der Spielleiter bittet einen Spieler, 2 zweistellige Zahlen, z. B. 13 und 28, an der Tafel zu addieren. Hat der Spieler das getan, werden ihm die Augen verbunden, und er muß eine ähnliche Aufgabe an der Tafel lösen. Doch es ist nicht leicht, mit verbundenen Augen beide Zahlen untereinanderzuschreiben,

144

sie im Kopf zu addieren und die Summe unter den Strich zu
schreiben. Die Zahlen laufen ineinander, die Stumme steht
irgendwo an der Seite. Dieser Scherz gefällt allen und ruft
allgemeine Heiterkeit hervor.
Das Spiel wird mehrmals wiederholt.

Aufgepaßt und hingehört

Der Spielleiter wählt 2 Kinder aus, legt einen Preis vor sie auf
den Tisch und erklärt ihnen, daß derjenige den Preis erhalten
wird, der am aufmerksamsten ist:

> Heute will ich euch berichten
> lauter lustige Geschichten.
> Sag ich »drei«, fällt dieses Wort,
> nehmt den Preis, und das sofort.

»Ist euch klar, wann ihr den Preis nehmen dürft?« fragt der
Spielleiter. »Beim Wort ›drei‹!« »Richtig. Nun, dann setze ich
meine Erzählung fort:«

> Uns ging mal ein Hecht ins Garn,
> und in seinem Innern war'n
> kleine Fischlein mit dabei,
> einer nicht, nein ganze ... zwei.

> Lang schon träumt' ein Bub für sich:
> Olympiasieger werde ich.
> Doch beim Start, paß auf dabei,
> lauf erst los bei: »Eins, zwei ... los!«

> Lernst du Verse mal, gib acht,
> büffle nicht bis in die Nacht.
> Sag es her dir frisch und frei.
> Wieviel Mal wohl? Zwei? Nein ... fünf.

> Auf dem Bahnhof mußt' ich steh'n
> neulich wohl drei Stunden gar.
> Mußtet ihr den Preis verschmäh'n,
> als er noch zu haben war?

(W. Kowaltschuk)

Gewöhnlich überhören die Spieler das Wort »drei« in der letzten Strophe, da sie es am Ende der Strophe vermuten.

Man kann auch einen anderen lustigen Wettbewerb durchführen: Die Spieler zählen: 1, 2, usw., aber die Zahl 3 sowie alle Zahlen, die durch 3 teilbar sind (18, 27) oder eine 3 enthalten (13, 53), dürfen sie nicht nennen; statt dessen müssen sie in die Höhe springen. Wer sich irrt, scheidet aus.

Rätsel, Tricks und Scherze

Rätsel zu verschiedenen Themen

Rätsel lösen alle Kinder gern, und sie geben einander auch gern Rätsel auf. Wenn sie die richtige Antwort auf ein Rätsel gefunden haben, freuen sie sich, daß sie ihre Findigkeit und Auffassungsgabe unter Beweis stellen konnten. Sehr groß ist die erzieherische und kognitive Bedeutung der Rätsel. Rätsel erweitern den Horizont der Kinder, machen sie mit ihrer Umwelt und den Naturerscheinungen bekannt, entwickeln Wissensdurst und Forschergeist, trainieren Aufmerksamkeit und Gedächtnis und bereichern die Sprache.

Rätsel sind bildhaft und oft in Reime gefaßt. Sie sind klar, knapp und konkret in der Ausdrucksweise, dazu ausdrucksstark und treffend. Meist werden in den Rätseln Merkmale der zu erratenden Gegenstände oder Erscheinungen genannt, die zur Lösung führen. Von der Anzahl der beschriebenen Merkmale und davon, wie ausführlich sie den zu erratenden Gegenstand charakterisieren, hängt der Schwierigkeitsgrad eines Rätsels ab. So ist beispielsweise in dem Rätsel »Es ist kein Feuer, aber es brennt« (Brennessel) nur ein einziges Merkmal angegeben, doch ist dieses Merkmal so charakteristisch, daß es ausreicht, um das Rätsel zu lösen. Manchmal sind in einem Rätsel 3 oder 4 Merkmale enthalten: »Es ist rund und gebogen, hat ringsherum Haare, kommt Leid — fließt Wasser« (Auge).

Bei diesem Rätsel braucht man viele Merkmale, um das Wort herauszubekommen.

Orientierungshilfe beim Raten sind manchmal Merkmale, die die Herkunft eines Gegenstandes beschreiben oder seine Funktionen: »Im Frühling macht er uns froh, im Sommer spendet er uns Schatten, im Herbst nährt er uns, im Winter wärmt er uns« (Baum).

Viele Rätsel beruhen auf Gleichnissen. Das sind unter anderem Rätsel, in denen die Wirkung oder ein Merkmal eines Gegenstandes mit der Wirkung oder dem Merkmal eines anderen Gegenstandes oder Lebewesens verglichen wird, z. B. »Es sind fünf Brüder, einer ist kleiner als der andere, und alle haben den gleichen Namen« (Finger) oder »Der Stall ist voller weißer Schafe« (Zähne).

Alle diese Besonderheiten und Varianten der Rätsel muß man kennen, wenn man sie auswählen oder auch lösen will. Man soll sie auch den Kindern in verständlicher Form erläutern und das eine oder andere Rätsel mit ihnen ausführlich analysieren — dann werden die Kinder den Prozeß des Erratens besser begreifen. Hat man ein Rätsel aufgegeben, muß man den Kindern Zeit für die Antwort lassen. Kann niemand das Rätsel lösen, muß man es erläutern, muß einige hinweisende Fragen stellen und den richtigen Weg beim Suchen nach der Lösung »soufflieren«.

Der Erzieher muß viele Rätsel parat haben. Sie können Thema selbständiger Übungen sein, können in der Pause zwischen den Unterrichtsstunden, während eines Spaziergangs oder auch dann aufgegeben werden, wenn aus irgendwelchen Gründen eine früher geplante Beschäftigung entfallen muß. Rätsel sind für Kinder stets interessant.

Man sollte Rätsel nach Themen auswählen. Bei einem Waldspaziergang beispielsweise können die Kinder Rätsel zu Pflanzen und zu Naturerscheinungen lösen, bei einem Spaziergang durch die Stadt, auf dem die Kinder den Straßenverkehr und die Arbeit verschiedener Maschinen beobachten, Rätsel zum Thema Technik. Mit thematisch richtig ausgewählten Rätseln können die Beobachtungen der Kinder untermauert werden.

Nachfolgend führen wir eine Reihe von Rätseln zu bestimmten Themen an:

Natur und Naturerscheinungen

Silberne Blumen am Abend erblühn, am Morgen verglühn. *(Sterne)*

Sie ist kein Feuer, doch sie brennt,
sie ist keine Lampe, doch sie leuchtet. *(Sonne)*

Eine goldene Apfelsine steht nachts am Himmel.
Wir haben sie nicht gegessen, doch nach zwei Wochen
ist nur noch ein Scheibchen von ihr übrig. *(Mond)*

Was geht und geht und kommt doch nicht vom Fleck? *(Zeit)*

Es sind 7 Brüder, doch jeder hat einen anderen Namen. *(Wochentage)*

Was war »morgen«, und was wird »gestern« sein? *(heute)*

Früh am Morgen — was ist das?
Perlen glitzern hell im Gras.
Doch am Tag bei Sonnenlicht,
such' ich sie und find' sie nicht. *(Tau)*

Er fällt im Feld, er fällt im Garten,
doch nie im Haus. Und ich muß warten.
Ich darf nicht ausgehn, falls er fällt,
was mir — versteht ihr? — nicht gefällt! *(Regen)**

Oftmals wartet man sehnlichst auf mich,
doch bin ich da, versteckt man sich. *(Regen)*

Aus sieben Farben, seht nur, seht,
die große Brücke dort besteht.
Doch stürzt die Brücke wieder ein,
bleibt übrig nicht ein Ziegelstein. *(Regenbogen)*

---

* Aus: Der Rabe bläst Trompete. Nachdichtung: Paul Wiens. Der Kinderbuchverlag, Berlin o. J. (1969). Die auf den folgenden Seiten mit * gekennzeichneten Rätsel sind ebenfalls diesem Buch entnommen.

Man sieht ein Ende, doch nie gelangt man hin. *(Horizont)*

Öffnet manchmal Tor und Tür
und hat weder Hand noch Fuß dafür! *(Wind)**

Vom Meere wird sie geboren,
am Ufer geht sie verloren. *(Welle)*

Im Sommer eilt er, im Winter steht er. *(Fluß)*

2 Brüder sehen im Wasser sich
und können zusammen nicht kommen. *(die Ufer)*

Du hast ihn, ich hab ihn, auch die Eiche auf dem Feld
hat ihn; aber der Fisch im Meer hat ihn nicht. *(Schatten)*

Er folgt dir nach auf Schritt und Tritt,
wohin du gehst, da geht er mit. *(Schatten)*

Es lebt ohne Körper und spricht ohne Zunge;
niemand sieht es, jeder hört es. *(Echo)*

Er hat weder Arme noch Beine, trotzdem kann er malen.
(Frost)

Als weißer Berg liegt er vorm Haus,
im Zimmer wird dann Wasser draus. *(Schnee)*

Im Feuer verbrennt es nicht,
im Wasser versinkt es nicht. *(Eis)*

Er wächst, doch mit dem Kopf nach unten,
im Winter nur, im Sommer nicht.
Doch will die Sonne ihn bescheinen,
fängt er ganz furchtbar an zu weinen
und stirbt — der hübsche kalte Wicht. *(Eiszapfen)*

Mensch

Zwei gehen, zwei sehen, zwei schaukeln hin und her,
einer führt und befiehlt. *(Mensch)*
Stets möchten sie sich überholen,
doch keiner von beiden schafft es. *(Beine)*

Seit vielen Jahren sind sie bei mir zu Haus,
doch ihre Zahl krieg leider ich nicht raus. *(Haare)*

Zwei Mütter haben je fünf Söhne,
und alle haben den gleichen Namen. *(Finger)*

Hat man sie nicht,
man auch nicht spricht. *(Zunge)*

Die Höhle hat ein rotes Tor,
und weiße Tiere stehn davor.
Fleisch und Brot und dies und das
werf ich den Tieren vor zum Fraß. *(Mund und Zähne)*

Zwei Brüder wohnen dicht beisammen,
doch sie sehen einander nie. *(Augen)*

Abends, wenn alles geht zur Ruh'
gehn von allein 2 Fenster zu.
Beginnt die Sonne mit ihrem Lauf,
gehn sie auch von allein wieder auf. *(Augen)*

Tierreich

Löckchen hat er überall,
oben, unten, hinten, vorn,
und er hat — kurioser Fall —
Schnörkel selbst an seinem Horn. *(Schafbock)*

Über Berge und durchs Tal,
geht es und läuft weit.
Sein Pelz, der wird ihm nie zur Qual,
selbst in der Sommerzeit. *(Schaf)*

Mit einem Bart kommt er zur Welt,
doch keiner das für komisch hält. *(Ziegenbock)*

Er ist kein König, doch mit Krone geboren,
er ist kein Reiter, und doch hat er Sporen. *(Hahn)*

Zwei Schalen trug es — das liegt weit,
aus gelbem Flaum ist jetzt sein Kleid. *(Kücken)*

Im Wasser hat sie grad gebadet,
doch ihrem Kleid hat's nicht geschadet. *(Gans)*

Seht doch nur das Wunderkind,
schwimmt so schnell fast wie der Wind.
In den Windeln noch beinah,
taucht's schon fast wie die Mama. *(kleine Ente)*

Grau im Sommer,
weiß im Winter,
hat zwei Löffel...
Wer steckt dahinter? *(Hase)*

Scharfe Zähne, graues Fell,
läuft durch Felder, Wälder schnell,
Lamm und Kalb er gerne frißt.
Sagt mir nun, wer das wohl ist. *(Wolf)*

Er ist der Herr im ganzen Wald.
Im Winter ist es ihm zu kalt.
Dann schläft er fest in seinem Haus,
kommt erst im Frühling wieder raus. *(Bär)*

Ich trage Zweige, stark und fest,
kein Vogel baut darin sein Nest.
Die Zweige sind mein ganzer Stolz,
doch sind die Zweige nicht aus Holz.
Nun, Kinder, ihr wißt's sicherlich,
drum sagt mir schnell:
wie heiße ich? *(Hirsch)*

Trag tausend Nadeln her und hin,
obwohl ich doch kein Schneider bin! *(Igel)**

Ein schwarzer Vogel — wen wundert es sehr? —
der läuft im Frühling dem Pflug hinterher. *(Krähe)*

Er wohnt im tiefen, tiefen Wald,
pocht an die Rinde, daß es schallt.
Er zimmert fleißig immerzu,
gibt auch im Winter keine Ruh'. *(Specht)*

Ein frecher Knirps im grauen Kleid,
pickt Krumen auf die ganze Zeit. *(Spatz)*

Erbaut ohne Hammer und ohne Hand,
schaut von hoch oben ein Haus ins Land. *(Nest)**

Fenster hat das Häuschen nicht,
hat als Tür ein rundes Loch.
In das Häuschen kommst du nicht,
dazu hängt es viel zu hoch.
Stufen führen nicht dahin.
Sagt mir nun, wer wohnt darin? *(Star)*

Am Tage schläft sie, fliegt bei Nacht,
im Walde oft sie Angst uns macht. *(Eule)*

Erst gleicht er einem Wurme fast,
dann gleicht er einem trocknen Ast.
Erwacht er dann zu neuem Leben,
kann er so wie ein Vogel schweben. *(Schmetterling)*

Vier Blütenblätter lockten mich,
die Blume wollte pflücken ich.
Doch ganz plötzlich — so ein Schreck —,
flog die ganze Blüte weg. *(Schmetterling)*

Als Miniflugzeug, schillernd blau,
flieg' ich über Feld und Au. *(Libelle)*

Schwarz und doch kein Krähentier,
Hörner hat er, 's ist kein Stier.
Fliegt er, hört man sein Gebrumm,
auch die Erde wühlt er um. *(Käfer)*

Hundert kleine Silberstücken
hat das Tierlein auf dem Rücken. *(Fisch)*

Ich krieche vorwärts, langsam nur,
such mit den Hörnchen meine Spur.
Nach Hause eilen? Sagt, wofür?
Mein Häuschen trag ich stets bei mir. *(Schnecke)*

Ihr Näschen, das ist lang und krumm,
und du erkennst sie am Gesumm. *(Mücke)*

Eine winzig kleine Stadt
viele kleine Häuschen hat.
Honig geht dort niemals aus,
Nektar ist der Lieblingsschmaus.
Und das ganze große Heer
schaukelt auf dem Blütenmeer. *(Bienenstock, Bienen)*

Unter Tannen ganz allein
steht ein Haus aus Nadeln fein.
Viele Tierlein darin wohnen,
diese zählen nach Millionen. *(Ameisenhaufen)*

Pflanzenreich

Sagt mir, kennt ihr dieses Mädchen:
näht nicht selbst, hat auch kein Fädchen,
aber Nadeln, ach fürwahr,
Nadeln hat's das ganze Jahr. *(Tanne)*

Sie ist rund und braun und prall,
mit den Zähnen nicht zu knacken.
Doch sie platzt mit einem Knall,
kriegt die Zange sie zu packen. *(Haselnuß)*

Auf dem Felde wächst ein Haus,
viele Körner schauen raus.
Golden leuchten seine Wände —
goldne Häuser ohne Ende.
Jedes steht auf einem Mast,
starker Wind zerknickt ihn fast. *(Ähre)*

Es ist kein Meer,
wogt hin und her. *(Kornfeld)*

Auf hohem Stengel, in rotem Kleid
erfreut er uns zur Sommerzeit.
Doch bläst der Wind durch Feld und Flur,
bleibt auf dem Stiel eine Kugel nur. *(Mohn)*

Ein goldnes Sieb voll schwarzer Stübchen;
in jedem sitzt ein weißes Bübchen. *(Sonnenblume)*

Auf Wiesen steh' ich oft in Scharen,
mit weißem Kleid und Lockenhaaren.
ein gelbes Herz ist mittendrin.
Nun ratet mal,
wer ich wohl bin? *(Kamille)*

Mit weißem Flockenball als Kopf
erfreu' ich jedes Kind.
Der Stengel bleibt mir armem Tropf,
bläst nur ein leichter Wind. *(Pusteblume)*

Weiße Glöckchen, ziemlich viel,
sind an einem grünen Stiel. *(Maiglöckchen)*

Er steht gut auf einem Bein,
groß der Hut, er selber — klein. *(Pilz)*

Technik

Ein Käfer eilt hier grad vorbei —
er brummt auch sehr, doch fliegt er nicht.
Und helle Lichter glühen zwei,
ersetzen ihm das Augenlicht.
Er hat vier Räder, ein Gestell,
ein Motor macht ihn rasend schnell. *(Auto)*

Oft und gern die Brüder reisen;
sie sind schwer und ganz aus Eisen.
Einer zieht — mit dickem Bauch —,
und es bleibt zurück nur Rauch. *(Zug)*

Im weiten Wolkenozean,
da zieht es ständig seine Bahn.
Meist ist es groß und superschnell,
glänzt in der Sonne silberhell. *(Flugzeug)*

Durch's Wasser fahr ich, schnell und gut,
zerschneide es — doch ohne Blut. *(Boot)*

Ein Wal schwimmt auf dem Meeresgrund.
Aus Eisen sind sein Leib und Mund.
Er schläft bei Tag nicht, nicht bei Nacht,
stets hält er für den Frieden Wacht. *(Unterseeboot)*

Eine Treppe, ihr könnt's seh'n,
läuft bergauf, wir bleiben steh'n. *(Rolltreppe)*

Ein Maulwurf vorm Haus, der ist gar nicht faul,
nimmt eine Tonne Erde ins Maul. *(Bagger)*

Ich bin nicht lebendig, doch kann ich schreiten.
In der Erde zu graben, helf' ich den Leuten.
Was tausend Schaufeln nicht schaffen können,
schaff' ich ganz allein —
wer kann mich nennen? *(Schreitbagger)*

Meinen langen Hals ich dreh,
hebe Lasten in die Höh',
leg' sie hier ab oder dort,
dien' dem Menschen immerfort. *(Kran)*

Wie ein Hobel mach' ich glatt,
was viel Höh'n und Tiefen hat.
Straßen helf' ich anzulegen,
selbst bei Schnee und auch bei Regen. *(Planierraupe)*

Große Zähne, starke Hände,
damit schafft er ohne Ende.
Schnee verschwindet wie durch Zauber,
und schon ist die Straße sauber. *(Schneeräumer)*

Hinter dem Wald liegt ein goldenes Meer,
darin laufen Wellen hin und her.
Ein riesiges Dampfschiff arbeitet dort,
nimmt jeden Tropfen mit sich fort. *(Mähdrescher)*

Die ganze Welt bringt er ins Haus
und sieht doch ganz gewöhnlich aus. *(Fernseher)*

Ohne mich verirrst du dich,
nimm mich mit, ich führe dich! *(Kompaß)*

156

Im Tanze dreht er sich voll Stolz!
Sie dreht sich auch, versinkt im Holz.
(Schraubenzieher und Schraube)

Seine Nase, die gewunden,
hat er schon sehr oft geschunden.
Überall steckt er sie rein
und macht Löcher, groß und klein. *(Bohrer)*

Mit kräft'gen Kiefern voller Stolz,
holt Nägel sie aus jedem Holz. *(Zange)*

Ein buckliges Pferdchen, aus Holz seine Seiten,
viel Späne hervor untern Hufen ihm gleiten. *(Hobel)*

An einem Brett sie nagte, fraß,
doch keins der Stückchen auf sie aß.
Bewegte sich stets hin und her,
an Krümchen wurden's immer mehr. *(Säge)*

Sein Arm ist aus Holz, die Schneide aus Eisen.
Das Ding, das hat Kraft, man kann es beweisen.
Der Zimmermann hält es hoch in Ehren,
er möcht's bei der Arbeit nicht entbehren. *(Beil)*

Sein Leib ist aus Holz — das ist der Stiel,
sein Kopf ist aus Eisen,
und Kraft hat er viel. *(Hammer)*

Der Dicke stets den Dünnen haut —
und beide braucht man, wenn man baut.
(Hammer und Nagel)

Es ist ein schöner Kasten,
der schweigt, läßt man ihn ganz in Ruh'.
Doch drückst du auf die Tasten,
schon spricht und singt er immerzu. *(Radio)*

Ein hübscher Kasten, strahlend weiß,
der Speisen liebster Aufenthalt.
Ist es auch draußen noch so heiß,
im Kasten ist es immer kalt. *(Kühlschrank)*

Er umklammert jeden Gast,
hält ihn fest, erdrückt ihn fast. *(Schraubstock)*

Schule und Spiel

Es hat einen Deckel, doch ist es kein Topf.
Es hat einen Rücken, doch fehlt ihm der Kopf.
Es hat viele Blätter — ein Baum ist es nicht.
Was ist's, das ganz lautlos zu uns spricht? *(Buch)*

Am Morgen bringt man sie ins Haus,
viel Neues erfahren wir daraus. *(Zeitung)*

Sie alle, sie sind schwarz und krumm,
und von Geburt an auch noch stumm.
Doch stehen sie in Reih und Glied,
erzähln sie uns, was so geschieht. *(Buchstaben)*

Er ist schwarz und stolz, sein Anzug ist aus Holz.
Wo die Nase er hinsteckt, dort
steht nachher ein Wort. *(Bleistift)**

Er schreibt, was man diktiert,
er malt, was man fixiert.
Doch schwindet seine Spur,
radierst du einmal nur. *(Bleistift)*

Straßen gibt's, doch nicht zum Fahren.
Erde gibt's, doch nicht zum Pflügen,
Wiesen gibt's, doch nicht zum Mähen,
Flüsse, die kein Wasser führen.
All das liegt auf dem Papier,
sagt mir nun, wie nennen's wir? *(Landkarte)*

Ein Haus aus Leder trag ich bei mir,
die Mieter drin sind aus Papier. *(Schultasche)*

Könige und Bauern, ein ganzes Regiment,
ziehen in den Kampf, das Spiel fast jeder kennt.
Die Schlacht erfolgt ganz ohne
Gewehr und auch Patrone. *(Schach)*

Wirf in den Fluß ihn, schwimmt er obenauf,
wirf ihn zu Boden, springt er hoch hinauf. *(Ball)*

Hölzerne Pferde durchpflügen den Schnee,
doch versinken sie nicht. *(Skier)*

Man kommt nur schwer hinauf mitunter,
doch fährt man leicht und gern hinunter. *(Rodelberg)*

Wohnung und Alltag des Menschen

Willst du hinein oder hinaus
in eine Wohnung, aus einem Haus,
drückst du die Hand ihr immerzu.
Wer ist das? Das errätst auch du! *(Tür)*

Ein Zwerg dreht seinen Bart, reißt ihn nicht aus,
denn gleich darauf betritt ein Mensch sein Haus. *(Schlüssel)*

Beine hat er, doch er kann nicht gehen,
wenn wir sitzen, muß der Arme stehen. *(Stuhl)*

Vier Brüder unter einem Dach... *(Tisch)*

Aus Holz ist dieser Weg,
führt in die Höhe schräg. *(Treppe)*

Fünf schmale Kammern zeigt er dir,
doch führt dahin nur eine Tür. *(Handschuh)*

Ich sitze hoch oben in luftiger Höh',
und hüpf schnell hinunter, wenn Freunde ich seh'. *(Hut)*

Stets spazieren wir zu zwein
ein Zwillingspaar adrett,
stehn unterm Tisch zur Mittagszeit,
zur Nachtzeit — unterm Bett. *(Schuhe)**

Mein Freund hält sich fest an meinem Öhr,
im Steppstich läuft er mir stets hinterher. *(Nadel und Faden)*

Hat hinten zwei Ringe und vorne zwei Spitzen
und in der Mitte ein Nägelchen sitzen. *(Schere)**

Zu Neujahr kam er schmuck ins Haus,
sah wohlbeleibt und munter aus.
Doch nahm er täglich ab — und war
zum Schluß verschwunden ganz und gar. *(Abreißkalender)**

Ich geh' am Tag und in der Nacht.
geh' ohne Hast, geh' mit Bedacht.
Ich gehe, pünktlich wie ich bin,
zwar immerzu, doch nirgends hin. *(Uhr)**

Immerzu im Kreis herum
gehn zwei Freunde, beide stumm.
Schnell der große eilt dahin,
langsam folgt der kleine ihm. *(Zeiger der Uhr)*

Durch den Stoff führt sie die Nadel.
Naht auf Naht — ganz ohne Tadel.
So entsteht ein neues Kleid,
über das man sich sehr freut. *(Nähmaschine)*

Vor unserer Haustür ein gelbes Haus.
Wer geht darin wohl ein und aus?
Botschaften fliegen zur Tür hinein,
müssen ein Stündchen geduldig sein.
Doch länger bleiben sie selten dort:
bald fliegen sie in die vier Winde fort! *(Briefkasten)**

Was hat zwei Bäuche und vier Ohren? *(Kissen)*

Er ist lang,
er ist schlank,
spannst du auf sein Dach,
wird er flach. *(Schirm)*

Im Glasrohr bin ich eine Säule, schlank,
die Kälte macht mich kurz, die Wärme lang.
(Quecksilber im Thermometer)

Viel Wasser ist in ihrem Bauch,
in der Nase ein Sieb — das Ding kennst du auch.
Auf dem Kopf ein Knopf, auf dem Rücken der Arm.
Sagt nun, wer hält das Getränk für uns warm? *(Teekanne)*

Ganz neu ist es, doch voller Löcher. *(Sieb)*

Mit langer Nase hilft sie im Garten.
Wenn sie sich bückt, ist Regen zu erwarten. *(Gießkanne)*

Arme hat er nicht und Beine,
aber er geht von alleine. *(Teig)*

In einem kleinen weißen Faß
ist gelbes und ist weißes Naß.
Und schüttelt man auch tüchtig sie,
vermischen sich die beiden nie. *(Ei)*

Kristalle so weiß, und wenn man leckt,
es ganz so süß wie Honig schmeckt. *(Zucker)*

In einer Schachtel, dicht bei dicht,
sind viele Brüder und stören sich nicht.
Sie liegen dort friedlich, bei Tag und bei Nacht,
und geben uns Feuer, wenn man sie entfacht. *(Streichhölzer)*

Scherzrätsel

Scherzrätsel sind eine besondere Rätselvariante. Sie unterscheiden sich von allen anderen Rätseln dadurch, daß sie die
Antwort nicht suggerieren, nicht an sie heranführen, sondern,
im Gegenteil, das Denken in die falsche Richtung lenken. Das
Wesen dieser Rätsel besteht in der Falle bzw. im Wortspiel.
Scherzrätsel sind geistreich und verblüffen durch das Über-
raschende der Antwort.
Scherzrätsel zu lösen ist nicht leicht. Doch die Kinder begnügen sich mit der Antwort, die sie vom Spielleiter erhalten;
um so lieber geben sie später diese Rätsel anderen auf und
freuen sich, daß sie die Antwort schon kennen. Man sollte
Kindern nicht mehr als 2 Scherzrätsel auf einmal stellen. Mit
Scherzrätseln kann man ein aus gewöhnlichen Rätseln bestehendes Programm ergänzen.

Wenn eine Ziege sieben Jahre alt ist, was wird dann?
(Es kommt das achte Jahr)

Welcher Schuh läuft sich nicht ab? *(der Handschuh)*

Aus welchem Gefäß kann man nicht trinken?
(aus einem leeren)

Wann ist in einer leeren Tasche etwas?
(wenn ein Loch darin ist)

Was liegt zwischen Berg und Tal? *(und)*

Welcher Abend dauert am längsten? *(der Sonnabend)*

Der Sohn meines Vaters und doch nicht mein Bruder. Wer ist das? *(ich selbst)*

Wieviel Eier kann man auf nüchternen Magen essen?
(eins, die übrigen ißt man nicht auf nüchternen Magen)

Welches Wort klingt immer falsch? *(das Wort »falsch«)*

Was ist, wenn ein Schornsteinfeger in den Schnee fällt?
(Winter)

Auf was für einen Baum setzt sich die Krähe bei Platzregen?
(auf einen nassen)

Womit hat eine Apfelhälfte Ähnlichkeit?
(mit der anderen Hälfte)

Drei Kraftfahrer hatten einen Bruder — Andrej —,
aber Andrej hatte keine Brüder. Ist das möglich?
(die Kraftfahrer waren Frauen)

Kann sich der Strauß Vogel nennen?
(nein, er kann nicht sprechen)

Wieviel Erbsen gehen in ein gewöhnliches Glas?
(keine, sie können nicht gehen)

Kann man in einem Sieb Wasser holen?
(ja, wenn es gefroren ist)

Wann hat ein Mensch im Zimmer keinen Kopf?
(wenn er den Kopf aus dem Fenster streckt)

Womit fängt der Tag an und hört die Nacht auf? *(mit »t«)*

Auf welche Frage kann niemand mit »ja« antworten?
(auf die Frage »schläfst du?«)

Welche Uhr zeigt nur zweimal am Tag die richtige Zeit?
(eine, die stehengeblieben ist)

Wie schreibt man trockenes Gras mit drei Buchstaben?
(Heu)

Was für Steine gibt es in keinem Meer? *(trockene)*

Silbenrätsel

Als Silbenrätsel bezeichnet man Rätsel, bei denen das zu
erratende Wort aus mindestens 2 Bestandteilen zusammen-
gesetzt ist, von denen jeder ein Wort für sich darstellt, z. B.
»Früh-stück«, »Hand-feger«, »Maul-wurf«. Silbenrätsel herauszubekommen fällt den Kindern schwer, besonders, wenn
sie ihnen nur vorgelesen werden und sie den Text nicht vor
Augen haben. Deshalb sollte man sie älteren Kindern, die
geistige Spiele lieben, vorbehalten. Ein Silbenrätsel sollte 2-
bis 3mal vorgelesen werden.

Die ersten Silben lärmen,
die dritte kann uns wärmen.
Das Ganze aber zittert,
von jedem Wort erschüttert.
(Trommel-fell)

Das erste ist in jedem Haus.
Das zweite legt der Fischer aus.
Am Ganzen hängt das erste dran.
Wer ist es, der das raten kann?
(Tür-angel)

Das erste ist zeitig am Morgen.
Das zweite ist nur ein Teil.
Das Ganze ißt ohne Sorgen,
wer sich's verdient, allweil.
(Früh-stück)

Das erste fegt durch alle Ecken.
Am zweiten hängt der Apfel dran.
Das Ganze muß im ersten stecken.
Nun rate, wer es raten kann.
(Besen-stiel)

Vom ersten falln im Winter Flocken.
Das zweite trägt dann dicke Socken.
Das Ganze baut das Kind mit Wonne.
Warum zerstört's dann bloß die Sonne?
(Schnee-mann)

Das erste an der Wand hat Ösen.
Das zweite, das ist was zum Lesen.
Das Ganze macht den Kindern Spaß,
denn es ist bunt! Und was ist das?
(Bilder-buch)

Das erste ist ein großer Mund.
Das zweite bringt zur Welt der Hund.
Das Ganze hat Schaufeln statt Hände,
schiebt Hügelchen auf im Gelände.
(Maul-wurf)

Das erste muß die Wohnung haben.
Das zweite wird aus einem Knaben.
Das ganze Wort: einer vom Bau.
Nun rate mal, und sei recht schlau!
(Zimmer-mann)

Das erste, das ist fein wie Asche.
Das zweite steckt an Babys Flasche.
Das Ganze brummt recht laut und toll,
wenn's unsrer Mutter helfen soll.
(Staub-sauger)

In den ersten schaust du 'rein.
Das zweite muß im Kuchen sein.
Das Ganze — was, du kennst es nicht? —
ist ein schmackhaftes Gericht.
(Spiegel-ei)

Bilderrätsel

Einfachste Bilderrätsel können bereits Kinder in der 1. Klasse lösen, das macht ihnen großen Spaß. Allmählich, mit zunehmender Erfahrung, können die Bilderrätsel komplizierter werden. Man sollte den Kindern erklären, was ein Bilderrätsel ist, sollte davon erzählen, wie die Bilderrätsel entstanden sind, und die Kinder mit den Regeln für das Lösen solcher Rätsel bekannt machen.

Wir führen den ungefähren Inhalt von Gesprächen mit den Kindern zu diesem Thema an. Alle erforderlichen Zeichnungen sind vorher vorzubereiten.

Erstes Gespräch

»Wahrscheinlich hat jeder von euch schon einmal das Wort ›Bilderrätsel‹ gehört. Ein Bilderrätsel ist ein Rätsel, in dem alle Wörter mit Hilfe von Zeichnungen und Zeichen dargestellt werden. Um ein Bilderrätsel lesen zu können, muß man die Bedeutung der verschiedenen Zeichen kennen und alle dargestellten Gegenstände richtig nennen.

Die Bilderrätsel haben eine sehr interessante Geschichte. Wenn wir heutzutage jemandem etwas mitteilen müssen, drücken wir unsere Gedanken in Worten, mündlich oder schriftlich, aus. Doch das war nicht immer so. Als die Menschen noch nicht schreiben konnten, bestanden ihre Briefe aus Zeichnungen von Gegenständen. Die Ältesten eines Stammes schickten ihren Nachbarn z. B. eine Zeichnung, auf der ein Vogel, eine Maus, ein Frosch und fünf Pfeile dargestellt waren. Der Sinn dieses Briefes war folgender: ›Könnt ihr fliegen wie die Vögel, euch in der Erde verstecken wie die Mäuse und in den Sümpfen umherhüpfen wie die Frösche? Wenn ihr es nicht könnt, versucht nicht, mit uns Krieg zu führen. Wir werden euch mit Pfeilen überschütten, sobald ihr in unser Land eindringt.‹

Heute ist es nur noch bei Bilderrätseln üblich, die verschiedenen Wörter mit Hilfe von Zeichnungen und Symbolen darzustellen.

Es war einmal ein ____ , der hatte einen ____ .

Einmal nahm der ____ seine ____ und ging ____ fangen. Kaum saß er im ____ als am Himmel eine schwarze ____ auftauchte, ein ____ zuckte, ____ fielen und alle ____ sich versteckten. Er erschrak. Kein ____ war da und kein ____ . Er ging auf eine ____ und sah: Der ____ kam angelaufen und trug einen ____ in der ____ . Der ____ freute sich und gab dem ____ ein Stück ____ .

166

Die nebenstehende Erzählung kann man zwar nicht direkt als Bilderrätsel bezeichnen, denn in ihr sind nicht alle, sondern nur einige Wörter mit Hilfe von Zeichnungen dargestellt, doch ein bißchen erinnert das schon an ein Bilderrätsel.
Wie ihr seht, kann man eine solche Erzählung leicht lesen. Und hier noch ein weiteres Beispiel:

Im folgenden Bilderrätsel sind nur Zeichnungen zu sehen. Doch ist hier ein Satz geschrieben, der aus 3 Wörtern besteht. Wie liest man ihn?

Zunächst wollen wir gemeinsam feststellen, was hier gezeichnet ist (Wiege, Igel, Rose, Ball, Radio, Auto, Uhu, Clown, Haus, Esel, Nadel, Fliege, Rad, Insel, Eimer, Dach, Eichel, Nase).

Alles weitere ist einfach: Wir lesen nur die Anfangsbuchstaben dieser Wörter. ›Wir brauchen Frieden.‹ «

Zweites Gespräch

»Um also ein Bilderrätsel richtig lesen zu können, muß man alle Gegenstände, die auf der Zeichnung dargestellt sind, genau nennen, aber das ist gar nicht so einfach, wie es scheinen mag. Ich will euch das einmal an folgenden Beispielen erläutern:

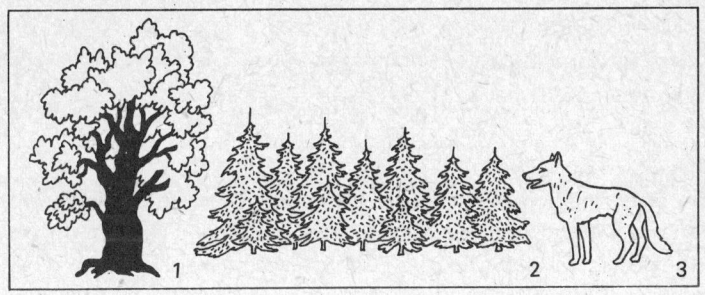

1. Hier ist ein Baum abgebildet (1). Aber was für ein Baum? Eine Kiefer oder eine Birke? (Hier ist eine Eiche abgebildet.) Wenn eine solche Zeichnung in einem Bilderrätsel vorkommt, muß man herausbekommen, welches Wort in dem betreffenden Fall dem Sinn nach paßt.

2. Und hier sind viele Bäume abgebildet (2). Wahrscheinlich wollte der Maler einen Wald darstellen. Aber vielleicht gibt es noch ein anderes passendes Wort? Es gibt z. B. das Wort ›Tann‹ oder ›Hain‹. Welches dieser Wörter aber nun im Bilderrätsel zu verwenden ist, das können wir nur dem Sinn nach bestimmen.

3. Auf dieser Zeichnung ist ein Hund abgebildet, das sieht jeder (3). Aber welches Wort könnte für diese Zeichnung noch

zutreffen? Vielleicht muß man die Rasse des Hundes — Schäferhund — nennen.

Wie ihr seht, haben wir es mit Zeichnungen zu tun, hinter denen sich mehrere Wörter verbergen können.

Wir wollen nun versuchen, einige sehr einfache Bilderrätsel zu lösen, d. h., einzelne Wörter herauszubekommen. Wir lesen: ›W-affe-l‹, ›s-auge-n‹, ›T-as-se‹, ›R-ei-se‹.«

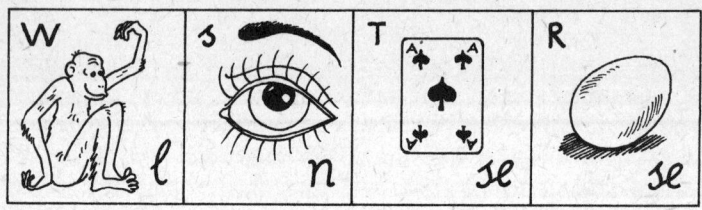

Drittes Gespräch

»Heute wollen wir uns mit den wichtigsten Regeln, die man beim Lösen von Bilderrätseln kennen muß, vertraut machen.

1. Nicht immer ist das Wort, das auf der Zeichnung dargestellt ist, vollständig zu lesen. Steht links von der Zeichnung ein Häkchen, so bedeutet das, daß von dem betreffenden Wort der erste Buchstabe wegzustreichen ist; sind zwei oder drei Häkchen gesetzt, muß man entsprechend zwei oder drei Buchstaben wegstreichen. Stehen die Häkchen rechts von der Zeichnung, streicht man die letzten Buchstaben weg. Hier ist ein Ball gezeichnet. Das Häkchen davor bedeutet, man muß den ersten Buchstaben wegstreichen — wir lesen das Wort ›All‹. Ein Dampfer ist gezeichnet — wir lesen

›Dampf‹ (die letzten beiden Buchstaben wurden weggestrichen).
Das gleiche gilt für die Wörter ›Haus‹ und ›Schwert‹, aus denen
›aus‹ und ›schwer‹ wird. Der Wegfall des ersten oder letzten
Buchstaben kann auch durch einen Abstrich an der Zeichnung
selbst gekennzeichnet werden.
2. Steht in einem Bilderrätsel die Abbildung eines Gegenstandes auf dem Kopf, so ist dessen Bezeichnung rückwärts
zu lesen; aus dem ›Reh‹ wird ein ›her‹, aus dem ›Esel‹
ein ›lese‹, aus ›Tor‹ — ›rot‹, und aus ›Gras‹ — ›Sarg‹.

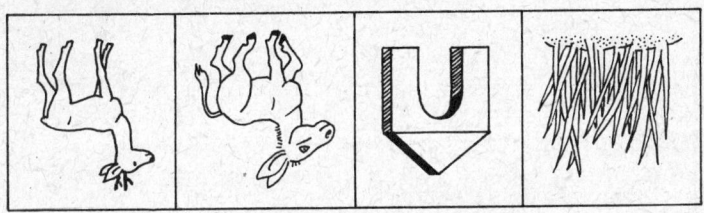

3. Es kommt auch vor, daß inmitten eines Wortes ein Buchstabe (oder mehrere Buchstaben) wegfällt. Entweder wird
dann neben der Zeichnung der betreffende Buchstabe (b) oder
die Ziffer (3), die für den Buchstaben steht, durchgestrichen.
So entstehen neue Wörter: Aus ›Schnecke‹ wird ›Schnee‹,

aus ›Regenbogen‹ — ›geben‹, aus ›Zeitung‹ — ›Zug‹ und aus
›Federhalter‹ — ›Falter‹
4. Ein anderer Fall ist die Verwendung von Präpositionen im
Bilderrätsel.
Sind 2 Gegenstände bzw. 2 Buchstaben ineinander gezeichnet,
lesen wir die beiden Begriffe unter Hinzufügung der Prä-
position ›in‹ (›K‹ in ›d‹ — ›Kind‹; ›W‹ in ›d‹ — ›Wind‹).
Besteht ein Buchstabe aus anderen Buchstaben, fügen wir die

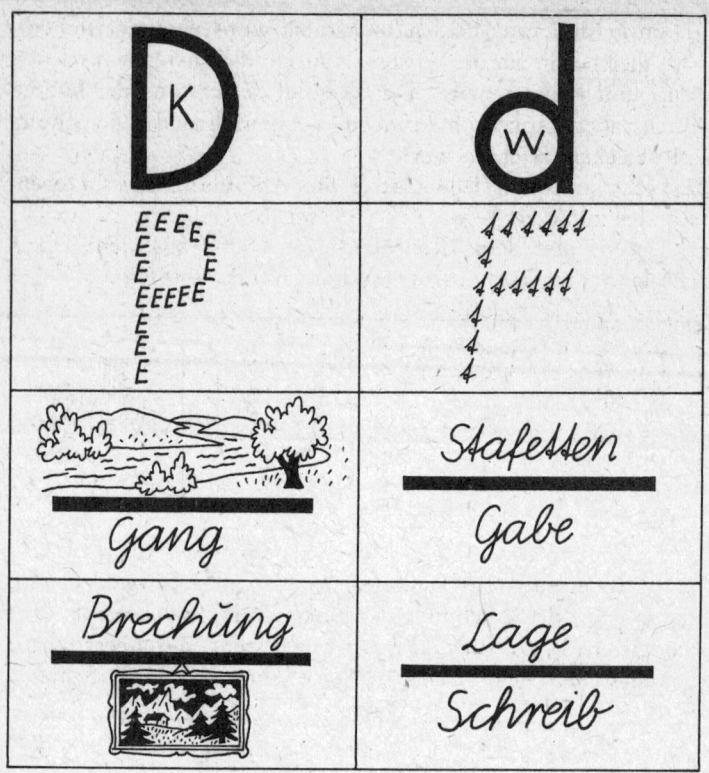

Präposition ›aus‹ hinzu (›P‹ aus ›e‹ — ›Pause‹; ›F‹ aus ›t‹ —
›Faust‹).
Steht ein Wort über einem anderen, lesen wir die Wörter unter
Hinzufügung der Präposition ›über‹ (›Stafetten‹ über ›Gabe‹
— ›Stafettenübergabe‹; ›Fluß‹ über ›Gang‹ — ›Flußübergang‹).
Steht ein Wort unter einem anderen, lesen wir die Präposi-
tion ›unter‹ mit (›Schreib‹ unter ›Lage‹ — ›Schreibunter-
lage‹; ›Bild‹ unter ›Brechung‹ — ›Bildunterbrechung‹).«

Viertes Gespräch

»Heute werde ich euch einige Bilderrätsel zeigen. Wenn ihr
euch die Regeln eingeprägt habt, werdet ihr sie lesen können.

172

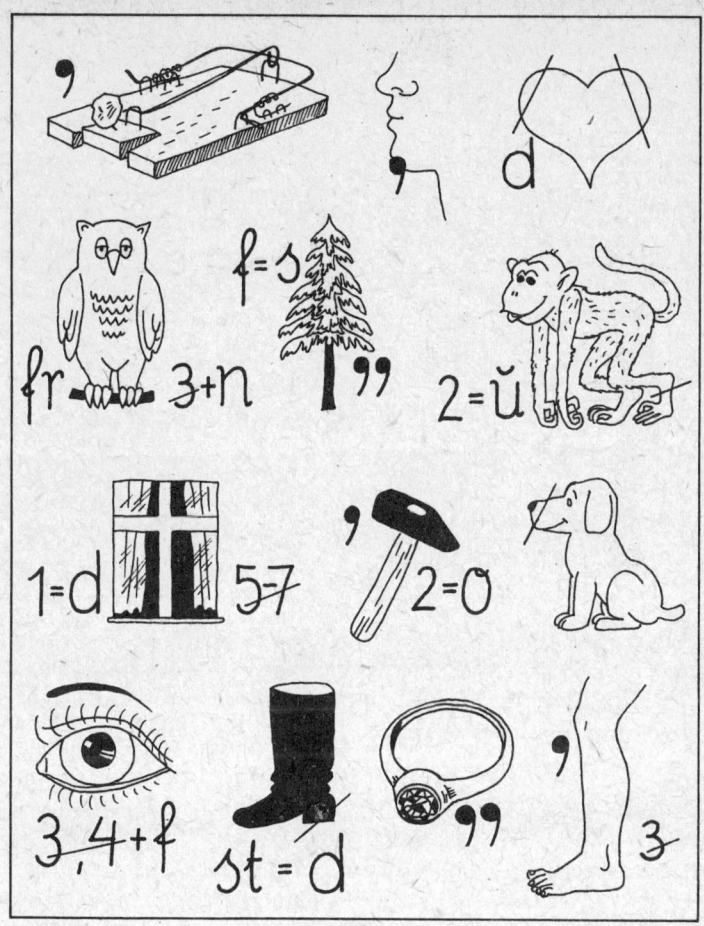

Vom Wort ›Falle‹ wird das ›F‹, von ›Kinn‹ das ›n‹ weggestrichen. Bei ›Herz‹ wird anstelle des ›h‹ ein ›d‹ gesetzt, und
das ›z‹ fällt weg. Bei ›Eule‹ entfällt der 3. Buchstabe, das ›l‹, vor
das Wort wird ›fr‹, danach ›n‹ gesetzt. Beim Wort ›Fich-
te‹ wird anstelle des ›f‹ ein ›s‹ gelesen, und die letzten beiden
Buchstaben ›te‹ entfallen. Bei ›Affe‹ wird aus dem 2. Buchstaben, dem ›f‹, ein ›u‹, und der letzte Buchstabe ›e‹ wird gestri-
chen. Bei ›Fenster‹ wird der 1. Buchstabe, das ›F‹, ein ›d‹ usw.

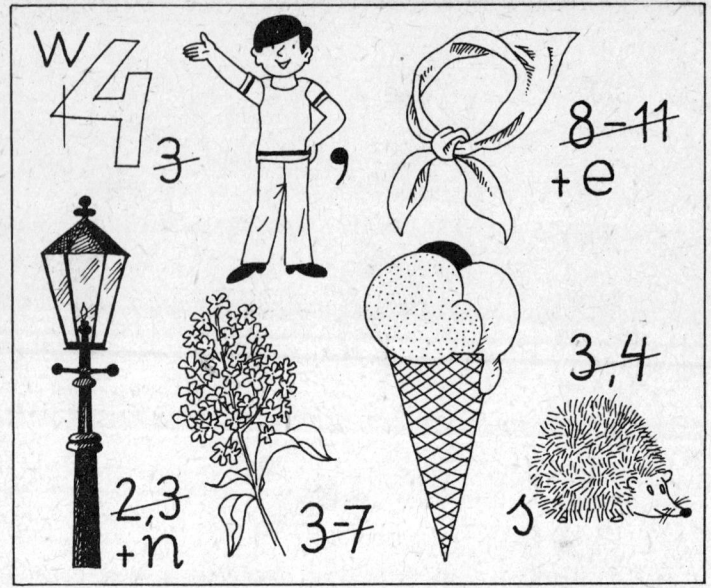

Die Auflösung des Rätsels von S. 173 heißt ›Alle Kinder freuen sich auf den Sommer und auf die Ferien‹, die Auflösung des Rätsels von S. 174 ›Wir Jungpioniere lernen fleißig‹. Nun wollen wir selbst Bilderrätsel zusammenstellen.«

Schnellsprechverse

Schnellsprechverse sind nicht nur sehr unterhaltsam, sondern sie sind für Kinder auch eine sehr nützliche Übung, denn sie tragen dazu bei, eine schlechte Aussprache zu korrigieren. Schnellsprechverse kann man auf gesonderte Kärtchen schreiben oder drucken und an die Kinder zum Üben verteilen. Haben die Kinder einen Schnellsprechvers gelernt und können sie ihn schnell aussprechen, dürfen sie ihn im Beisein aller lesen. (Für gutes und schnelles Lesen werden Punkte verteilt.) Schnellsprechverse kann man auch im Chor lesen lassen, zuerst langsam silben- oder wortweise, dann im ganzen, wobei das Tempo immer mehr beschleunigt wird. Einige lange

Schnellsprechsätze kann man in Teilen einstudieren. Mit Schnellsprechversen kann man auch Spiele gestalten, z. B. folgendes:
Die Spieler teilen sich in 2 Mannschaften und setzen sich in Linie einander gegenüber. Der Spielleiter wählt einen kurzen Schnellsprechvers aus, z. B. »Brautkleid bleibt Brautkleid und Rotkraut bleibt Rotkraut«, und flüstert diesen den ersten Spielern jeder Mannschaft ins Ohr. Auf Kommando flüstern ihn die ersten Spieler den zweiten ins Ohr, diese den dritten usw. bis zum Ende der Reihe. Es siegt die Mannschaft, die das Weitersagen als erste beendet und den Satz am wenigsten verstümmelt hat. Nachfolgend einige Beispiele für Schnellsprechverse:*

Zwischen zwei Zwetschgenzweigen
zwitschern zwei Zeisige.

Wir würden weiße Wäsche waschen,
wenn wir wüßten, wo warmes Wasser wär.

Töpfers Trinchen trägt tausend Töpfe,
tausend Töpfe trägt Töpfers Trinchen.

Kleine Kinder können keine
kleinen Kirschkerne knacken.

Es wollt ein Kätzchen Knollen kaun,
es kaut ein Kätzchen Knollen.

Es klapperten die Klapperschlangen
bis dann die Klappern schlapper klangen.

Schneiders Schere schneidet scharf,
scharf schneidet Schneiders Schere.

Die Katze tritt die Treppe krumm.

Bürsten mit schwarzen Borsten
bürsten besser als Bürsten
mit weißen Borsten.

* Die russischen Schnellsprechverse des Originaltitels wurden durch deutsche Schnellsprechverse ersetzt.

Hinter Hansens Hirtenhaus
hab' ich hundert Hasen husten hören.

Brautkleid bleibt Brautkleid und
Rotkraut bleibt Rotkraut.

Es saßen zwei zischende Schlangen
zwischen zwei spitzigen Steinen
und zischten vor zwitschernden Vögeln.

Frisches, fettes Schweinefleisch,
fettes frisches Schweinefleisch.

Er sang leider lauter laute Lieder zur Laute.

Wenn hinter Fliegen Fliegen fliegen,
fliegen Fliegen Fliegen nach.

Nachbars Hund heißt Kunterbunt,
Kunterbunt heißt Nachbars Hund.

Mein Mops mauste Mostrich,
Mostrich mauste mein Mops.

Meister Müller, mahl mir meine Metze Mehl;
morgen Mittag muß mir meine Mutter Mehlmus machen.

Wer nichts weiß und weiß, daß er nichts weiß,
weiß mehr als der, der nichts weiß und nicht weiß,
daß er nichts weiß.

Fischers Fritze fischte frische Fische,
frische Fische fischte Fischers Fritze.

Der Cottbuser Postkutscher putzt den
Cottbuser Postkutschkasten.

Esel essen Nesseln nicht,
Nesseln essen Esel nicht.

Kurze Kleider, kleine Kappen
kleiden kleine Krausköpfe.

Sieben Schneeschipper schippen
sieben Schippen Schnee.

Tricks und Scherze

Das Wort »Trick« oder »Kunststück« ruft bei den Kindern stets lebhaftes Interesse hervor. Es ist ihnen seit frühester Kindheit bekannt und hat für sie eine besondere Anziehungskraft, bringen sie damit doch etwas Geheimnisvolles, Verblüffendes in Verbindung. Die Kinder sehen sehr gern zu, wenn Tricks vorgeführt werden, und sie sind froh über jede Gelegenheit, diese Kunst zu erlernen. Ein Trick ist kein bloßes Vergnügen. Um das Wesen eines Tricks zu verstehen, muß sich der Zuschauer in den Gesetzen oder Erscheinungen auskennen, die diesem Trick zugrunde liegen.

Tricks, die von Berufskünstlern demonstriert werden, teilt man gewöhnlich in 2 Gruppen ein: in die auf Illusionen und in die auf Manipulationen beruhenden. Illusionisten benutzen zur Vorführung ihrer Kunststücke spezielle, mitunter recht komplizierte Geräte oder Mechanismen. Die manipulierenden Künstler dagegen verfügen über eine besondere Geschicklichkeit der Hände und eine überaus große Gelenkigkeit der Finger. Die hier angeführten Tricks lassen sich weder zur einen noch zur anderen Kategorie zählen. Es sind eher spaßige und lehrreiche Versuche, lustige Spiele und Scherze, die weder komplizierte Geräte noch eine besondere Fähigkeit erfordern. Die gewöhnlichsten Gebrauchsgegenstände — Papier, Schere, Schnur, Münzen usw. — können bei der Demonstration einer ganzen Serie von Tricks benutzt werden.

Nicht nur Erwachsene, sondern auch Kinder können Tricks vorführen, wenn man sie entsprechend anleitet. Der Erfolg bei der Demonstration der Kunststücke hängt sehr stark von der Fähigkeit ab, diese den Zuschauern interessant darzubieten.

Wieviel Teile entstehen?

Für die Demonstration dieses Tricks werden mehrere Papierstreifen benötigt. Jeder Streifen muß 2 Einschnitte aufweisen.

Der Spielleiter sagt zu den Kindern: »Vor mir liegt ein Papierstreifen. Ihr seht, er ist an 2 Stellen eingeschnitten. Ich bitte nun jemanden von euch, zu mir zu kommen.«

Der interessierte Spieler geht nach vorn, und der Spielleiter sagt zu ihm:

»Faß den Streifen mit beiden Händen an den Enden an (er macht es vor). Sagt, Kinder, wenn man schnell an den Enden zieht, in wieviel Teile zerreißt dann der Streifen? (Gewöhnlich antworten die Kinder: in 3.) Wir wollen es versuchen. Zieh!

Der Streifen ist in 2 Teile zerrissen. Aber wie kann man ihn auf einmal in 3 Teile zerreißen? Nimm den zweiten Papierstreifen und versuche, langsam an den Enden zu ziehen, vielleicht gelingt es dann. Wieder in 2! Traut sich jemand zu, den Streifen in 3 Teile zu zerreißen? Nun, Kinder, das wird niemandem gelingen. Selbst wenn die Einschnitte vollkommen gleich zu sein scheinen, ist doch einer von ihnen ein bißchen größer als der andere; und an der Stelle reißt der Streifen entzwei.«

Kriech durch eine Ansichtskarte!

Für die Vorführung dieses Tricks werden mehrere Blätter festes Papier von der Größe einer Ansichtskarte sowie eine Schere benötigt.

Der Spielleiter ruft ein Kind zu sich und sagt: »Nimm ein Stück Papier und die Schere und schneide in dieses kleine Blatt Papier eine so große Öffnung, daß man hindurchkriechen kann. (Das Kind versucht es, aber ohne Erfolg.) Nun, laß es einen anderen probieren. Wieder mißglückt. Aber ich kann es.«

Der Spielleiter faltet das Papier zusammen, macht abwechselnd Einschnitte an der Bruchstelle und an den Außenkanten, schneidet dann mit Ausnahme der beiden Außenkanten die

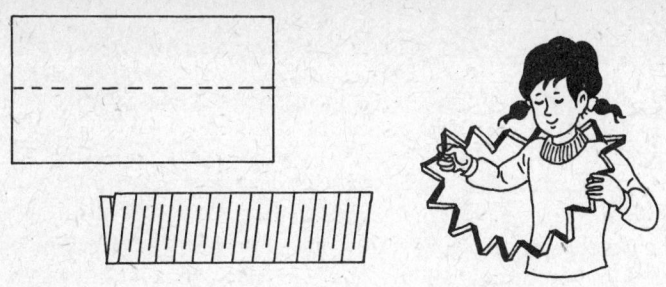

Bruchstelle auf und zieht das so entstandene Band auseinander.

Ringe aus Papier

Für die Demonstration dieses Tricks werden 3 schmale Papierstreifen und eine Schere benötigt. Die Papierstreifen werden
zu Ringen zusammengeklebt; ein Ring wie üblich, beim zweiten Ring muß man vor dem Zusammenkleben ein Ende einmal,
beim dritten Ring ein Ende zweimal umdrehen.

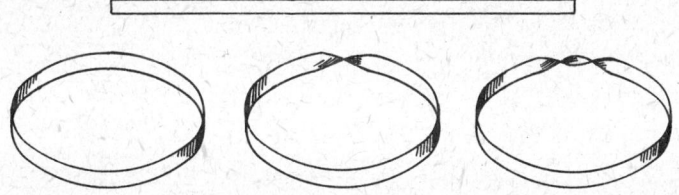

Der Spielleiter sagt zu einem Spieler:
»Da hast du einen Papierring und die Schere. Schneide den
Streifen in der Mitte der Länge nach entzwei. Was meinst du,
wie viele Ringe werden wir erhalten? (Gewöhnlich wird geant-
wortet: 2.) Versuchen wir es! Tatsächlich, es sind 2 Ringe
entstanden. Wir wollen es noch einmal versuchen. (Dem
Mitspieler wird der zweite Ring gegeben.) Schneide jetzt diesen
Ring auf. Wahrscheinlich werden wir wieder 2 Ringe erhalten.
(Das Kind zerschneidet den zweiten Ring.) Das ist ein
Wunder! Wir haben nicht 2 Ringe, sondern nur einen erhalten.
Versuchen wir es ein drittes Mal. (Er schneidet den dritten

Ring auf.) Wir haben wieder 2 Ringe erhalten, aber einen im anderen. Wer kann erklären, wie das kommt?«

Befreie dich von der Schnur!

Für die Vorführung dieses Kunststücks wird eine 3 bis 4 m lange Schnur benötigt.

Der Spielleiter bittet ein Kind, das mit einer Jacke bekleidet ist, zu sich und sagt: »Ich werde dich jetzt ganz fest anbinden. (Er legt die Schnur 2mal zusammen, läßt die Schlinge der Schnur durch den Jackenärmel gleiten, steckt die Enden der Schnur durch die Schlinge und bindet sie an der Türklinke oder an einem Stuhlbein fest.) Nun versuche dich von der Schnur zu befreien, ohne die Knoten zu lösen. (Das Kind versucht es vergebens.) Und dabei geht es ganz leicht. Dehne die Schlinge so weit aus, wie es die Länge der Schnur zuläßt, aber verdrehe sie nicht. Steige mit beiden Beinen in die Schlinge und krieche durch sie hindurch.«

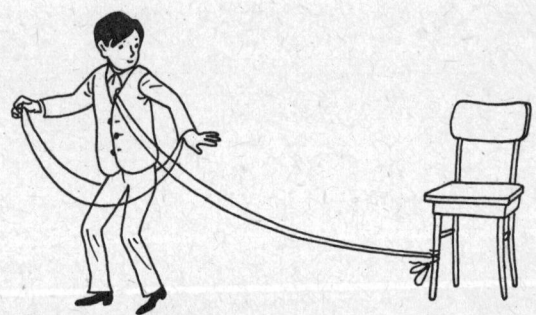

Vier Würfel

Für die Demonstration dieses Tricks werden 4 Würfel mit den Zahlen 1 bis 6 benötigt. Die Zahlen müssen so angeordnet sein, daß die Summe der Zahlen auf den gegenüberliegenden Seiten jedes Würfels gleich 7 ist.

Der Spielleiter sagt zu den Kindern:

»Vor mir liegen 4 Würfel mit den Zahlen 1 bis 6. Jetzt bitte ich jemanden von euch, die Würfel in beliebiger Reihenfolge übereinander zu stapeln, ich drehe mich inzwischen um. (Die Kinder stapeln die Würfel übereinander. Soll ich euch jetzt die Summe aller verdeckten Zahlen nennen? Ich kann natürlich nicht wissen, welchen Würfel ihr mit welcher Zahl nach unten oder nach oben gelegt habt, trotzdem nenne ich euch die Zahl. (Er nennt sie.) Überprüft sie. Seht, ich habe es erraten.

Nun werde ich euch verraten, wie man das macht. Es ist ganz einfach: Die Zahlen auf den gegenüberliegenden Seiten jedes Würfels sind so angeordnet, daß ihre Summe gleich 7 ist ($1 + 6 = 7$, $2 + 5 = 7$, $3 + 4 = 7$). Bei 4 übereinandergestapelten Würfeln ist die Summe der verdeckten Zahlen 28 ($4 \cdot 7$), abzüglich der Zahl, die oben liegt.«

In welcher Hand ist welche Münze?

Für die Vorführung des Tricks werden 2 Münzen benötigt: ein 5- und ein 10-Pfennig-Stück.
Der Spielleiter ruft einen Spieler zu sich und sagt:
»Hier hast du 2 Münzen. Nimm eine Münze in die rechte, die andere in die linke Hand. Tausche sie hinter dem Rücken um, denn ich darf nicht wissen, in welcher Hand welche Münze ist. Nun verdreifache den Wert der Münze in der rechten Hand und verdopple den Wert der Münze in der linken Hand. Addiere beide Zahlen und nenne sie. Ich werde dir dann ganz genau sagen, welche Münze in welcher Hand ist. (Der

Spielleiter sagt, in welcher Hand sich die beiden Münzen befinden.)
Ich will euch erklären, wie ich das erraten habe: Ist eine Summe mit der Endzahl 0 herausgekommen, ist die Zehnpfennigmünze in der rechten Hand, ist die Endzahl der Summe 5, in der linken.«

Standfeste Damesteine

Zur Demonstration dieses Tricks werden eine glatte Unterlage, z. B. ein Schachbrett, 10 bis 12 Damesteine und ein dünnes Holzlineal benötigt.
Der Spielleiter sagt zu den Kindern:
»Stapelt die Damesteine auf der Unterlage zu einer kleinen Säule und entfernt dann den untersten Stein, ohne die anderen zu berühren. Wer will es versuchen? (Die Kinder probieren es der Reihe nach — aber ohne Erfolg.) Ich werde euch zeigen, wie leicht man diese Aufgabe lösen kann. (Der Spielleiter schlägt mit dem Lineal den untersten Stein heraus. — links)

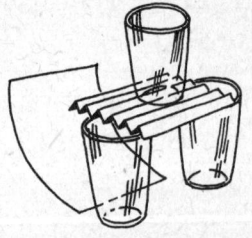

Hier wirkt das Trägheitsgesetz; ihr werdet es kennenlernen, wenn ihr Physikunterricht habt. Ein heftiger, schneller Schlag gegen den untersten Stein kann sich nicht auf die übrigen Steine übertragen, und sie bleiben an Ort und Stelle.«

Das Glas auf dem Papier

Für diesen Trick werden 3 Gläser und ein Blatt festes Papier benötigt.
Der Spielleiter sagt zu den Kindern:

»Hier sind 2 Gläser, sie stehen nebeneinander. Ihr sollt sie nun mit einem Blatt Papier bedecken und obenauf ein drittes Glas stellen. Wird das gehen? Wer möchte es versuchen? (Interessenten kommen nach vorn, versuchen es — doch ohne Erfolg.) Ist diese Aufgabe etwa unlösbar? Nein, Kinder, sie läßt sich leicht lösen. Man muß nur das Papier wie eine Ziehharmonika falten, dadurch wird es sehr haltbar (S. 182, rechts). Jetzt würde sich auf diesem Papier sogar ein mit Wasser gefülltes Glas halten.«

Scherze, Scherze, Scherze...

Über einen lustigen Scherz freuen sich Kinder immer. Diese kurzen Spiele, für die nur wenige Minuten benötigt werden, können z. B. Pausen zwischen anderen Spielen überbrücken helfen u. a. Doch eins sollte man beachten: Keinesfalls dürfen die hier angeführten Scherzspiele kurz hintereinander erfolgen. Es wird vorausgesetzt, daß sie zu unterschiedlichen Zeiten und unter unterschiedlichen Umständen zum Einsatz kommen.

* * *

»Hebt die Arme«, sagt der Leiter zu den Kindern. »Sehr schön! Könnt ihr sie so lange hochhalten, sagen wir, bis ich dreimal diesen Raum durchquert habe? Könnt ihr das? Wir werden es sehen.«
Der Leiter geht einmal durch den Raum, ein zweites Mal, dann bleibt er stehen und sagt: »Das dritte Mal werde ich morgen den Raum durchqueren, heute habe ich keine Lust mehr dazu. Ich will mich lieber hinsetzen und ein Buch lesen ... Ihr aber haltet schön die Arme hoch, ihr habt es ja schließlich versprochen!«

* * *

»Nacheinander werde ich jetzt 3 Sätze sprechen«, sagt der Spielleiter, »und ihr sollt jeden Satz im Chor nachsprechen. Könnt ihr das?«
Die Kinder antworten: »Ja!«
»Ich glaube aber, ihr könnt es nicht. Wir werden sehen, wer

recht hat. — Heute ist schönes Wetter. (Die Kinder wiederholen es im Chor.) Wir lieben fröhliche Spiele. (Die Kinder
wiederholen es im Chor.) Verloren, ihr habt schon verloren!«
»Wieso denn?« fragen die Kinder. »Sie haben doch erst 2 Sätze
genannt, und nicht 3.«
»Doch, mein dritter Satz war: ›Verloren, ihr habt schon verloren‹. Diesen Satz hättet ihr ebenfalls wiederholen müssen.«

* * *

»Ich bin ein berühmter Wahrsager«, erklärt der Spielleiter den
Kindern. »Ich kann eure Vergangenheit und eure Gegenwart
erraten und auch eure Zukunft vorhersagen. Wollt ihr euch
davon überzeugen? Dann macht das, was ich euch sage. (Er
veranlaßt die Kinder zu krähen, zu miauen, mit den Händen
zu gestikulieren usw.)
Eure Vergangenheit: Ihr habt gekräht, miaut und andere
unsinnige Dinge getan. Eure Gegenwart: Ihr sitzt still und
hört mir zu. Eure Zukunft: Wir hören auf zu spielen, und ihr
geht nach Hause.«

* * *

»Ich bitte jemanden von euch, einen Satz aus 3 oder 4 Wörtern
auf einen Zettel zu schreiben«, sagt der Spielleiter. »Ohne zu
wissen, was ihr geschrieben habt, werde ich dasselbe auf ein
Blatt Papier schreiben.
Seid ihr fertig? Sehr schön. Jetzt werde ich schreiben. Und nun
bitte ich ein Kind, laut vorzulesen, was auf dem ersten Zettel
steht.«
Das Kind liest: »Heute regnet es.« »Jetzt bitte ich, meinen
Zettel vorzulesen. Darauf steht dasselbe, nicht wahr?«
Der Schüler liest laut vor, was der Leiter geschrieben hat. Auf
dem Papier steht: »Dasselbe«.

* * *

»Ich werde nacheinander verschiedene Zahlen nennen«,
wendet sich der Spielleiter an die Kinder. »Nach jeder Zahl
sollt ihr die nächstfolgende Zahl nennen. Sage ich 10, sagt ihr
11, sage ich 345, sagt ihr 346 usw. Dabei werde ich euch zur

Eile antreiben. Ich bin sicher, ihr werdet euch irren. Fangen wir an.«

Er nennt folgende Zahlen: 13, 21, 54, 212, 1 338, 66, 2 999, 1 000, 4 099.

Fast alle werden nach der letzten Zahl 5 000 sagen, es muß aber 4 100 heißen.

* * *

Der Spielleiter fordert die Kinder auf, im Chor anzusagen, wieviel Finger er ihnen zeigt. Er zeigt einen Finger — alle sagen: »Eins«. Er zeigt 2 Finger — alle sagen: »Zwei«. Dann zeigt er 4 Finger — viele sagen: »Drei«.

»Beginnen wir von vorn«, sagt er und zeigt 2 Finger. Viele Kinder werden »eins« sagen.

Dieses lustige Spiel kann auch als Addition durchgeführt werden. Die Kinder sollen die Finger beider Hände, die der Spielleiter zeigt, addieren.

Zunächst zeigt er z. B. einen Finger und noch einen, und die Kinder rufen: »Zwei«. Zeigt er 2 Finger und einen, rufen die Kinder: »Drei«. Dann zeigt er 2 und 3 Finger, und die Kinder rufen: »Vier«.

Wenn man geschickt die Zahlen wechselt, häufen sich die Fehler bei den Kindern.

* * *

»Wieviel ist 3 mal 2?« fragt der Spielleiter die Kinder. Natürlich kommt prompt die Antwort: »6«.

»Das glauben alle«, sagt der Leiter, »ich aber werde euch beweisen, daß 3 mal 2 gleich 4 ist!«

Er nimmt ein Streichholz, bricht es rasch mittendurch und sagt: »Einmal 2«. Dann nimmt er eine Hälfte des zerbrochenen Streichholzes, bricht es ebenfalls durch und sagt: »2 mal 2«. Dann bricht er auch die zweite Hälfte des Streichholzes durch und sagt: »3 mal 2! — 3 mal 2 ist also 4.« (Auf dem Tisch liegen 4 Streichholzstückchen.)

Mag dieser Scherz auch noch so simpel sein, wenn man ihn schnell genug und geschickt ausführt, beginnen viele Kinder zu zweifeln.

Konzentrations- und Geschicklichkeitsspiele

Häufig wollen die Kinder im Hort auch einmal allein oder nur mit einem Partner spielen. Dafür eignen sich Brettspiele, Geduldsspiele oder Puzzlespiele. Deshalb sollte jede Hortgruppe über solche Spiele verfügen.

Die folgenden Spiele können unter Anleitung des Werklehrers von den Kindern selbst in der Schulwerkstatt oder in einem Bastelzirkel angefertigt werden.

Tischspiele (Brettspiele)

Die folgenden Spiele bestehen aus Sperrholzquadraten; sie sind sehr haltbar und bequem im Gebrauch.

Nach sorgfältigem Glätten mit Schmirgelpapier werden die Umrisse der vorgesehenen Zeichnungen mit einem weichen Bleistift auf das Sperrholz übertragen und, wenn nötig, mit Temperafarben nachgemalt. Überzieht man alles anschließend mit Lack (am besten mit farblosem Nitrolack), so lassen sich die Bleistiftlinie und die Farben nicht mehr abwaschen.

Mühle

Für dieses Spiel, das von 2 Kindern gespielt wird, benötigt man 24 Damesteine (12 schwarze, 12 weiße).

Die Spieler legen der Reihe nach einen Damestein auf einen beliebigen Kreis des Feldes, bis alle Steine verteilt sind (links). Dann werden die Steine auf den blauen Linien von einem Kreis zum anderen geschoben. Liegen 3 weiße (schwarze) Steine auf einer Geraden, so nennt man das eine »Mühle«. Der Spieler, der sie gebaut hat, darf einen beliebigen Stein seines Gegners vom Spielfeld nehmen. Deshalb ist jeder Spieler bemüht, seine Steine so anzuordnen, daß eine »Mühle« entsteht, gleichzeitig aber trachtet er danach, seinen Gegner daran zu hindern.

Besetzt ein Spieler mit 4 Steinen die Enden zweier paralleler Linien, plaziert einen fünften Stein in der Mitte und schiebt diesen Stein vor- und zurück, kann mit jedem Zug eine neue »Mühle« gebildet und dabei dem Gegner ein Stein weggenommen werden.

Als Verlierer gilt der Spieler, dem weniger als 3 Steine verbleiben, oder der, dessen Steine eingeschlossen sind.

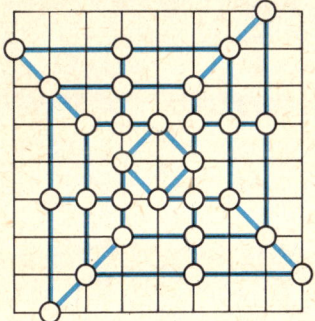 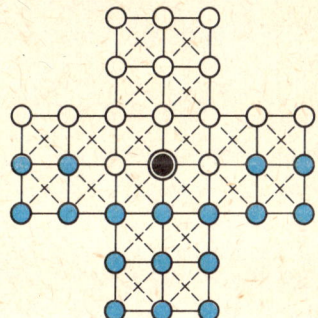

Wolf und Hunde

Für dieses Spiel, das von 2 Kindern gespielt wird, benötigt man einen schwarzen Stein, der den Wolf darstellt, sowie 17 weiße Steine, die die Hunde darstellen. Der Wolf nimmt den schwarzen Kreis in der Mitte des Spielfeldes ein, die Hunde die 17 blauen Kreise (rechts).

Die Hunde versuchen, den Wolf einzuschließen. Dabei dürfen sie sich auf den durchgehenden Linien von Kreis zu Kreis bewegen, jedoch nur vorwärts und seitwärts. Der Wolf aber darf sich vorwärts, seitwärts und rückwärts bewegen, und zwar sowohl auf den durchgehenden als auch auf den unterbrochenen Linien.

Der Wolf darf jeden neben ihm stehenden Hund »fressen«, sofern sich hinter diesem in gerader Linie ein freier Kreis befindet, d. h., er überspringt (wie beim Halma) den Hund, und dieser scheidet aus dem Spiel aus.

Gelingt es den Hunden, den Wolf einzukreisen, sind sie Sieger; bleiben jedoch weniger als 6 Hunde übrig, siegt der Wolf.

Der Kampf um die Meisterschaft

Für dieses Spiel, das von 2 Kindern gespielt wird, benötigt man 8 Damesteine (4 schwarze, 4 weiße). Jeder Spieler ordnet auf seiner Seite des Spielfeldes seine Steine auf den Kreisen mit seiner Farbe an (S. 189, links).

Der Reihe nach verschieben die Spieler ihre Steine — ein Spieler auf den Seiten des Rechtecks, der andere auf den Diagonalen — von einem Kreis zum anderen, und zwar vor, zurück und zur Seite. Bei jedem Zug darf nur ein Stein gerückt werden.

Liegen die Steine eines Spielers so, daß er keinen einzigen Stein weiterrücken kann, hat der Gegner einen weiteren Zug frei.

Jeder Spieler muß versuchen, mit seinen Steinen alle 4 Kreise des Gegners zu besetzen. Wer das als erster schafft, ist Sieger. Das Spiel ist auch dann beendet, wenn ein Spieler einen Stein des Gegners beim Start eingeschlossen hat.

Auf einem Brett mit 16 Kästchen

Für dieses Spiel, das von 2 Kindern gespielt wird, benötigt man ein aus 16 Kästchen (4 × 4 Kästchen) bestehendes Spielfeld, 2 (in der Farbe unterschiedliche) flache, an den Buchstaben L erinnernde Figuren sowie 2 Spielsteine.

Auf der Zeichnung ist die Ausgangsstellung des Spiels angegeben (S. 189, rechts). Der erste Spieler muß seine Figur auf den freien Kästchen des Brettes in eine neue Stellung bringen. Er darf außerdem, sofern er das für vorteilhaft hält, einen der beiden gemeinsamen Steine auf irgendein freies Kästchen legen (das ist jedoch nicht obligatorisch).

Es siegt der Spieler, der eine solche Stellung geschaffen hat, bei der der Gegner mit seiner Figur keinen weiteren Zug ausführen kann.

Auf unserer Zeichnung sind zur Illustrierung mehrere Positionen einer Partie angeführt.

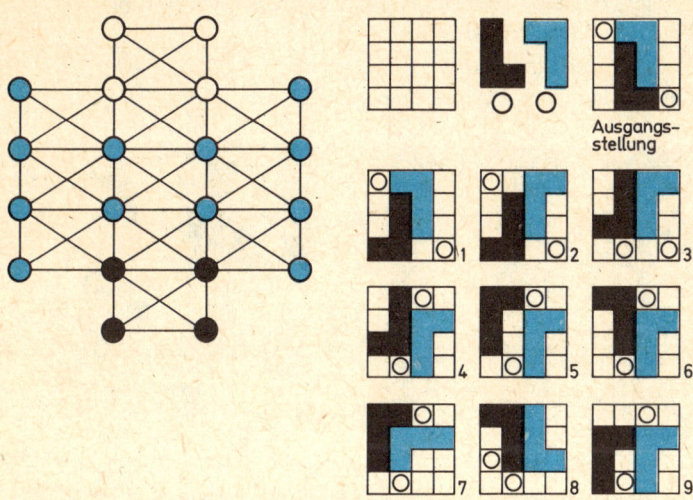

Ausgangsstellung

Arithmetisches Spiel

Für dieses Spiel, das von 2 Kindern gespielt wird, benötigt man 49 Steine einer Farbe. Jeder Spieler setzt der Reihe nach einen von diesen Steinen auf einen freien Kreis des Spielfeldes.

Schließt der Stein ein Kästchen, d. h., liegen auf 3 Ecken des Kästchens bereits Steine und nimmt sein Stein die vierte Ecke ein, wird dem Spieler die Zahl, die in diesem Kästchen steht, angeschrieben (unabhängig davon, wer die übrigen 3 Steine gesetzt hat). Ist es eine Zahl mit einem Pluszeichen, wird sie der Summe seiner Punkte hinzugefügt, ist es eine Zahl mit einem Minuszeichen, wird sie von der Summe seiner Punkte abgezogen (links).

Es kann vorkommen, daß der Stein eines Spielers gleichzeitig 2 oder 4 benachbarte Kästchen schließt. In diesem Fall wird dem Spieler die Summe der Zahlen aller geschlossenen Kästchen gutgeschrieben.

Liegen beispielsweise in der rechten oberen Ecke in allen Kreisen eines von 4 Kästchen gebildeten Quadrats Steine und ist nur der zentrale Kreis frei geblieben, so bekommt der Spieler, der den Stein auf diesen Kreis gesetzt hat, alle 4 Zahlen angeschrieben. Man rechnet:

$11 + 30 - 16 - 8 = 17$.

Wer die meisten Punkte erreicht hat, ist Sieger.

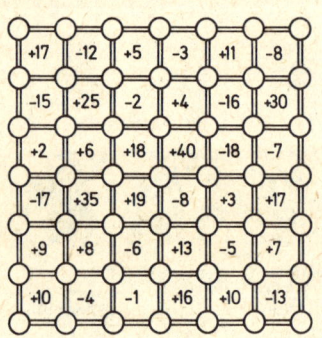 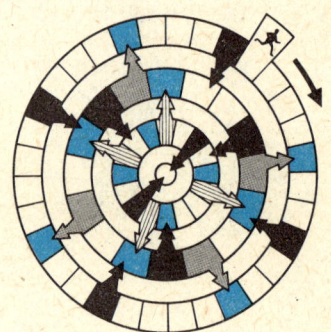

Fröhlicher Lauf im Kreis

Für das Spiel, das von 2 Kindern gespielt werden kann, benötigt man 6 Spielfiguren von unterschiedlicher Farbe sowie einen Würfel mit den Zahlen 1 bis 6.

Die Spieler würfeln der Reihe nach und rücken ihre Figur vom Ausgangspunkt in Uhrzeigerrichtung um so viele Kästchen vor, wie es der Würfel anzeigt. Gerät die Figur dabei auf ein Kästchen, von dem ein Pfeil ausgeht, wird die Figur auf das angegebene Kästchen geschoben (rechts).

Wer den Mittelpunkt des Kreises als erster erreicht, ist Sieger.

Puzzlespiele

Die Puzzlespiele bestehen aus einer quadratischen Sperrholz-
platte und einem Rahmen — einer schmalen Holzleiste.
Die einzelnen Teile der Puzzlespiele werden mit einer
Laubsäge aus Sperrholz ausgesägt und mit Farbe angestri-
chen.

Das zerteilte Bild

Das Bild eines schönen Zierfisches besteht aus mehreren
Teilen. Die unsortierten Teile sind innerhalb des Rahmens so
anzuordnen, daß das Bild wiederhergestellt wird (links).

Zusammensetzbares Bild

Mehrere Teile von bizarrer Form sind innerhalb des Rahmens
so anzuordnen, daß der frei bleibende Platz die Figur eines
Pelikans ergibt (rechts).

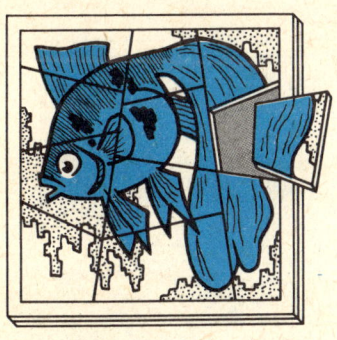

Buchstabenaufgabe

Auf die hellen Felder eines Schachbrettes werden die Buchstaben des Liedanfangs »Grün, grün, grün sind alle meine
Kleider« geschrieben. Dann wird das Brett in 6 Teile von
unterschiedlicher Form zersägt. Aufgabe des Spielers ist es,

das Schachbrett so zusammenzusetzen, daß man den Liedanfang lesen kann.

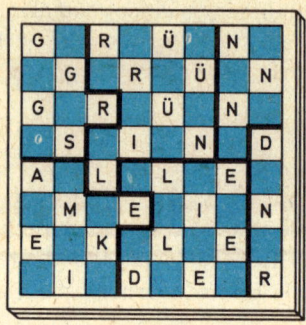

Zusammensetzbares Dreieck

Ein gleichseitiges Dreieck besteht aus 9 Teilen von unterschiedlicher Form (links). Aus den unsortierten Teilen muß
der Spieler das Dreieck wieder zusammensetzen.

Zusammensetzbares Quadrat

Aus 12 Einzelteilen (4 größeren und 8 kleineren), die in ihrer
Form an den Buchstaben L erinnern, ist ein Quadrat zusammenzusetzen (rechts).

Geduldsspiele aus Holz

Diese Geduldsspiele sollten möglichst in 2 oder 3 Exemplaren angefertigt werden, damit man sie bei Wettbewerben einsetzen kann.

Aus sechs Quadern

Dieses Geduldsspiel besteht aus 6 Quadern von gleicher Länge und gleichem Querschnitt. 5 von ihnen weisen unter-

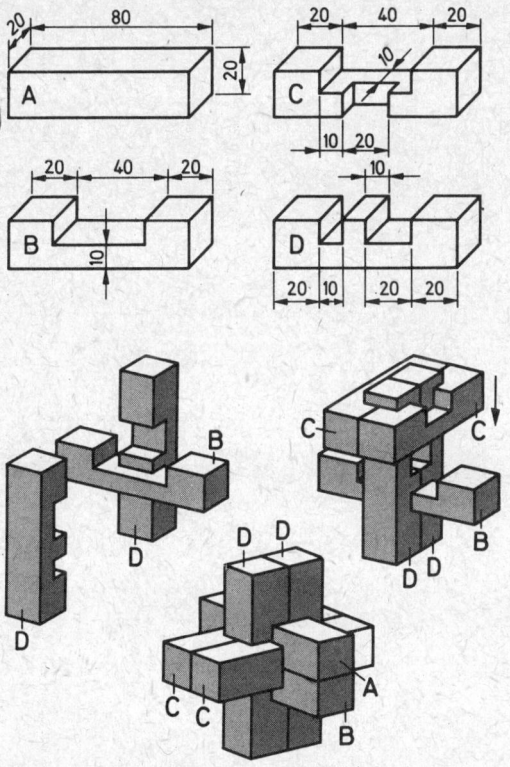

schiedliche Auskehlungen auf. Die Aufgabe für den Spieler besteht darin, aus diesen Quadern in der angegebenen Reihenfolge die auf der Zeichnung abgebildete symmetrische kreuzförmige Figur zusammenzubauen.

»O C C«

Dieses Geduldsspiel besteht aus 3 gleich großen rechtwinkligen Holzplättchen.
Die einzelnen Teile weisen Öffnungen und Einschnitte auf, die an die Buchstaben O bzw. C erinnern. Die Aufgabe für den Spieler besteht darin, die Plättchen so zusammenzubauen, daß aus ihnen eine kreuzförmige Figur entsteht.

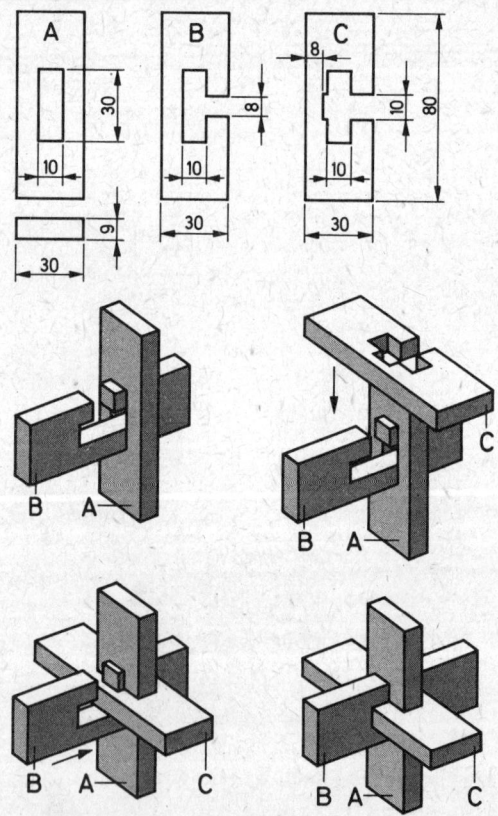

»Würfel«

»Würfel« ist ein altes englisches Geduldsspiel. Aus 6 Holz-teilen von unterschiedlicher Form ist ein Würfel zusammen-zusetzen.

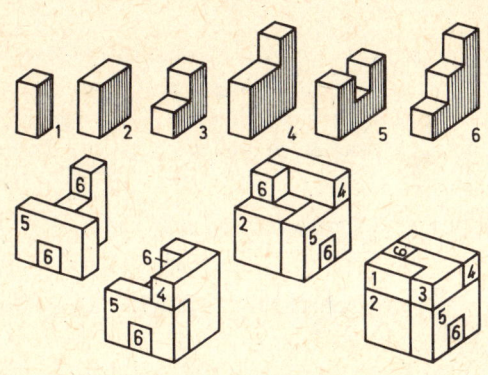

Geduldsspiele aus Draht und Schnur

Anker

Ein Anker und ein Ring sind durch eine Schnur miteinander verbunden (rechts). Will man sie voneinander trennen, ohne die Schnur aufzuknoten oder zu zerschneiden, muß man zuerst die Schlinge S durch die Öffnungen A und B stecken, über

den Knopf gleiten lassen und zurückziehen. Sodann ist die Schlinge S in die Öffnung C zu stecken und dasselbe zu tun — und der Anker ist frei.

Rakete

Die Rakete ist »auf dem Mond gelandet« (S. 195, links). Will man sie wieder vom Mond lösen, muß man die Schlinge S in die Öffnung A oder B stecken, sie über den Knopf gleiten lassen und zurückziehen — und schon ist die Rakete frei.

»Zwei Stiefel«, »Schnecke«, »Zickzack«

Beim Spiel »Zwei Stiefel« sind die Stiefel voneinander zu trennen, bei der »Schnecke« ist die Klammer zu entfernen,

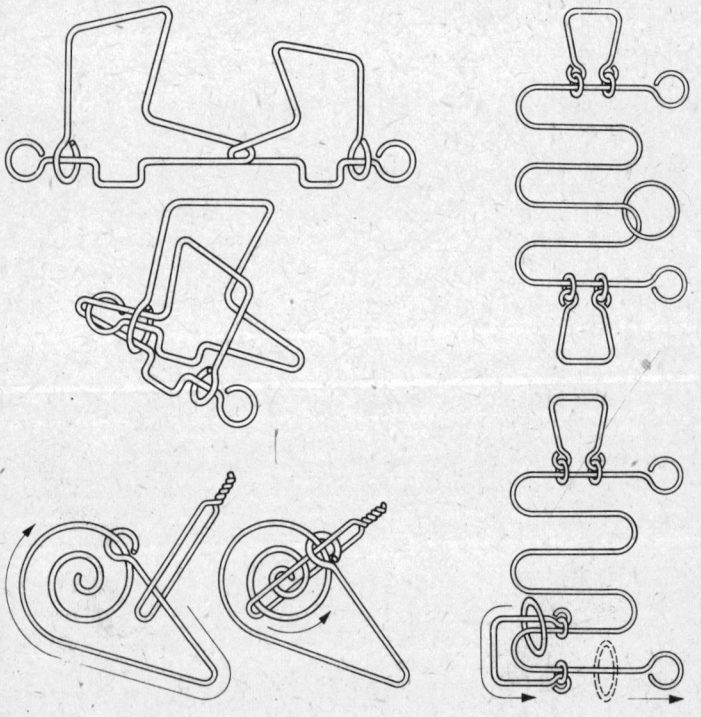

beim Spiel »Zickzack« der Ring. Dabei darf man keine Gewalt anwenden und den Draht nicht auseinanderbiegen.

Schüttelspiele

Schüttelspiele erfordern von den Spielern Ausdauer und Geduld. Sie bestehen aus einem Boden, einem Rahmen und einer Glasplatte. Die Einzelteile werden aus Sperrholz ausgesägt und an den Boden angeklebt.

Die Spiele »Bau die Rakete zusammen!« und »Alle Teile an ihren Platz« haben einen doppelten Boden; jeweils im oberen Boden sind die Aussparungen vorzunehmen.

Bau die Rakete zusammen!

Die Rakete besteht aus 4 numerierten Teilen. Der Spieler muß durch Neigen und leichtes Schütteln der Schachtel alle Teile der Rakete in der richtigen Reihenfolge an ihren Platz (die Startrampe) bringen.

Kugeln im Labyrinth

Auf dem Boden dieses Spiels sind 3 Ringe mit Einschnitten (Toren) sowie eine ebenfalls mit Durchgängen versehene

Umzäumung befestigt (oben, rechts). Die 3 Kugeln sind ins Innere des Labyrinths zu rollen und je eine in jedem Ring unterzubringen.

Alle Teile an ihren Platz!

Bei diesem Spiel sind in der oberen Bodenplatte ein Dreieck, ein Achteck und ein Oval ausgespart. Durch Schütteln sind die Einzelteile (beim Dreieck 2, beim Achteck und Oval je 3) in die entstandenen Vertiefungen zu bringen (oben, links).

Schmetterling

Ein Schmetterling aus Holz oder Pappe wird auf den Boden dieses Spiels geklebt; seine Flügel sind leicht nach oben gewölbt. Der Spieler muß alle 4 Kugeln in die auf den Flügeln des Schmetterlings befindlichen Vertiefungen rollen (unten, links).

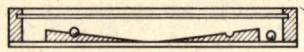

Fünf Kugeln

Auf dem Boden dieses Spiels ist eine aus Sperrholz ausgesägte Figur mit 5 Öffnungen — Billardlöchern — befestigt. Die

5 Kugeln befinden sich zunächst in dem abgeteilten Raum auf der rechten Seite des Spiels. Der Spieler muß die Kugeln einzeln herausrollen und jede von ihnen in einem Billardloch unterbringen, ohne dabei die anderen Kugeln aus ihren Löchern herausrollen zu lassen (S. 198, unten rechts).

Tischsportspiele

Die folgenden Tischsportspiele tragen dazu bei, Geschicklichkeit, Ausdauer und Augenmaß zu entwickeln.

Hinüberrollen von Kugeln

Durch Trennwände mit Öffnungen (Toren) wird ein flacher Holzkasten in 16 Kästchen unterteilt, 8 auf der linken Seite und 8 auf der rechten Seite des Kastens (jeweils für einen Spieler).
Für das Spiel benötigt man 12 bis 16 Kugeln aus Holz oder Metall mit einem Durchmesser von 8 bis 10 mm sowie 2 Holzstäbe.

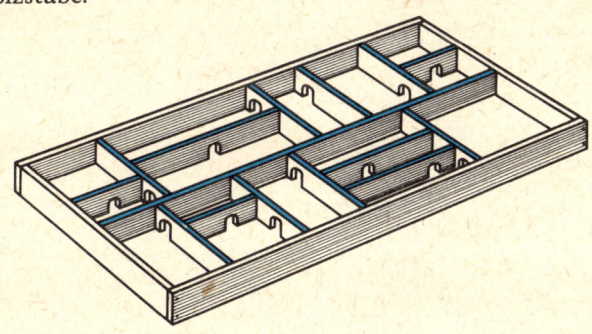

Jeder Spieler legt in sein Ausgangskästchen 6 bis 8 Kugeln. Dann beginnen beide Spieler gleichzeitig, mit Hilfe der Stäbe die Kugeln nacheinander durch die Öffnungen in den Trennwänden von einem Kästchen ins andere bis zum Zielkästchen zu rollen.
Wer als erster alle Kugeln im Zielkästchen hat, ist Sieger.

Tanne

Für das Spiel, das von 2 Kindern gespielt werden kann, be-
nötigt man 2 Holzstäbe und 4 Metallkugeln von 10 bis 12 mm
Durchmesser.
Die Spieler setzen der Reihe nach ihre zuerst in der rechten
unteren, dann in der linken unteren Ecke liegenden Kugeln
durch einen Stockstoß in Bewegung. An der halbrunden
Sperrholzbande prallen sie ab und gelangen in eine mit einer
Zahl gekennzeichneten »Verzweigung« der Tanne.

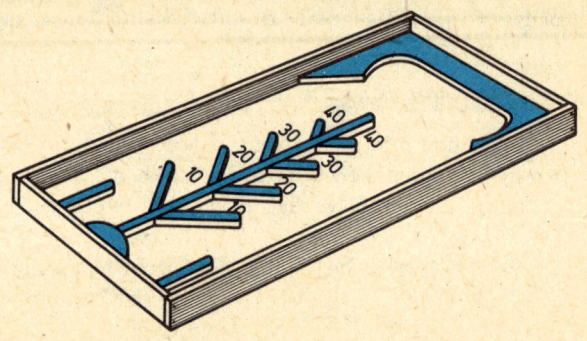

Diese Punktzahl wird dem Spieler gutgeschrieben.
Wer in einer vereinbarten Zeit die meisten Punkte gesammelt
hat, ist Sieger.

Spieltage und -feste

SPIELZEUGTAG

Jedes Kind darf an diesem Tag 2 oder 3 Lieblingsspielsachen in den Hort mitbringen. Diese Spielsachen werden auf Tische gestellt, damit alle Kinder sie betrachten können. Dann nehmen die Kinder möglichst hufeisenförmig an den Seiten des Raumes Platz, damit alle die Spielsachen gut sehen können, und mehrere Kinder erzählen von ihrem Lieblingsspielzeug und führen es in Aktion vor.

FEST DER UNTERSTUFE

Dieses Fest ist ein Fest der ganzen Schule. Mit seiner Vorbereitung befassen sich Vertreter der FDJ, des Freundschaftsrates und aktive Jungpioniere ebenso wie Pionierleiter, Lehrer und Erzieher. Für das Fest muß ein detaillierter Plan ausgearbeitet werden; es müssen die Verantwortlichen für die Ausgestaltung der Räume, die Einrichtung von Spielecken, die Leitung von Massenspielen und Tänzen usw. bestimmt werden. Auch Eltern und Paten können zur Mithilfe gewonnen werden.

Das Schulfest kann aus 3 Teilen bestehen: Besuch der Spielecken, Massenspiele und Tänze, künstlerischer Teil.

Als Einlaßkarte kann z. B. eine Bastelarbeit oder eine Zeichnung gelten. Aus den eingegangenen Arbeiten kann eine Ausstellung zusammengestellt werden.

DAS STÄDTCHEN DER LUSTIGEN EINFÄLLE

Mehrere Räume mit unterschiedlich eingerichteten Spielecken bilden das »Städtchen« der lustigen Einfälle. In jeder dieser Ecken kann man spielen bzw. sich mit interessanten Dingen beschäftigen. Die Kinder können sich auch an Wettbewerben beteiligen. Den Siegern werden entweder Punkte in vorher ausgegebene Kärtchen eingetragen oder Talons ausgehändigt. Die Kinder mit den meisten Punkten werden ausgezeichnet. In einem Zimmer des Städtchens werden alle verfügbaren Tischspiele, sowohl die gekauften als auch die selbstgebauten, aufgestellt. In diesen Spielen können Einzel- und Mannschaftswettbewerbe durchgeführt werden. In einem anderen Zimmer werden Wettkämpfe zweier Spieler gegeneinander ausgetragen. Im Puppenstädtchen sind verschiedene, meist große Spielsachen sowie Baumaterialien untergebracht. In einer Spielecke liegen auf einem Tisch Kärtchen mit Rätseln. Die Kinder können sich diese Kärtchen nehmen und die Rätsellösung den Diensthabenden mitteilen. In einer anderen Ecke liegen Kärtchen mit Schnellsprechversen aus. Jeder muß schnell und ohne sich zu verhaspeln den Schnellsprechvers auf seinem Kärtchen 5mal hintereinander sprechen.
Für Bastelfreunde kann man eine lustige Werkstatt einrichten: auf 2 oder 3 Tischen werden Plastilin, Stäbchen, Eicheln, Tannenzapfen, Papier, Karton, Schere und Klebstoff für die Herstellung von Spielzeug ausgelegt. Auch Buntpapierstreifen und andere Materialien für die Herstellung von lustigen Mützen und Masken sollten hier nicht fehlen.
In allen Ecken gibt es Diensthabende. Sie müssen die Kinder zum Spielen auffordern, die Spiele erklären, Wettkämpfe durchführen und die Kinder in der Herstellung von Spielzeug unterweisen. Für die Arbeit in den Ecken ist etwa eine Stunde vorgesehen.

Massenspiele und Tänze

Wenn das Städtchen der lustigen Einfälle seine Arbeit beendet hat, werden alle Kinder in den Saal (oder einen geräumigen Korridor) gebeten, um sich an den Massenspielen und Tänzen zu beteiligen. Dabei kann man auf die in diesem Buch beschriebenen Spiele mit Musik, Gesang und Tanz zurückgreifen (S. 106 ff.). Zum Schluß kann man den Kindern Rätsel aufgeben, die sie gemeinsam lösen müssen (S. 149 ff.).

Unser Spielzeug (Inszenierung)

Diese Inszenierung kann man zum Schluß des Festes zeigen.
Der Vorhang geht auf. Auf der Bühne stehen ein Tisch und zwei Stühle. Darauf liegen Spielsachen und Bücher. In diesem Zimmer wohnt eine Schulanfängerin.
Das Mädchen tritt ein, eine Schulmappe in der Hand. Als sie die Spielsachen erblickt, läuft sie auf sie zu und ruft froh aus: »Ach, mein Teddy!« Sie streichelt den Teddy und nimmt bald das eine, bald das andere Spielzeug in die Hand. Plötzlich legt sie die Spielsachen an ihren Platz zurück und sagt das Gedicht »Ich bin schon groß«* von Agnia Barto auf:

Ich bin schon groß und lern die Fibel!
Klar, daß ich nicht ans Spielen denk.
Ob ich nicht lieber all mein Spielzeug
dem Brüderchen Serjosha schenk?

Sie läßt ihre Spielsachen langsam Revue passieren.

Ach, mit meinen Holzspielsachen
kann er sowieso nichts machen!

Sie nimmt den Hasen in die Hand.

Und mit Häschen? Nun, das hinkt,
und ich selbst brauch's unbedingt.

Sie nimmt den Teddybär in die Hand.

* Aus: Laternchen. O. O., o. J. Nachdichtung: Michail Schaiber.

203

Teddybär hat viele Beulen...

Sie nimmt die Puppe in die Hand.

Meine Puppe? Die ist nett,
doch er gibt sie seinen Freunden
oder wirft sie unters Bett!

Sie sieht sich im Zimmer nach ihrem Spielzeug um.

Soll ich ihm die Lok verehren?
Erstens fehlt ein Rad daran,
und dann — was soll mir gehören,
daß ich auch mal spielen kann?

Sie breitet ihre Spielsachen aus, schiebt sie aber plötzlich
beiseite und sagt:

Ich bin groß, ich lern die Fibel —
klar, daß ich nicht ans Spielen denk!
Doch Serjosha mach ich lieber
später einmal ein Geschenk.

Sie läuft in die Ecke, wo das Spielzeug liegt, und fährt mit dem
Puppenwagen durchs Zimmer. Der Vorhang fällt.
Das Mädchen tritt mit ihrer Freundin vor den Vorhang.

Meine Freundin kam zu mir heut'
und zusammen spielten wir.
Und hier dieses eine Spielzeug,
das gefiel auf einmal ihr.

Der Vorhang geht auf. Auf der Bühne links sieht man die
Stufen der Außentreppe eines Hauses, rechts Tisch und Bank.
Auf der Bank sitzen Kinder. Ein Mädchen hält ein Steh-
aufmännchen in den Händen. Es läuft auf die beiden Freun-
dinnen zu, zeigt ihnen das Spielzeug und sagt das Gedicht
»Stehaufmännchen« von Samuil Marschak auf:

Es schlafen die Kälber, es schlafen die Kücken,
die Stare, sie schweigen, es schlafen auch sie.
Nur Wanka, der Junge mit biegsamem Rücken,
nur Wanka, das Stehaufmännchen, das schläft nie.

204

Die Ammen von Wanka, die solltet ihr sehen:
Sie legen den Wanka zum Schlafen ins Bett.
Doch Wanka, der mag nicht, der will lieber stehen,
er steht wieder auf — das ist gar nicht so nett.

Sie legt das Stehaufmännchen hin und deckt es zu.

Sie decken ihn zu mit der Decke aus Watte,
im Schlafe jedoch wirft die Decke er fort
und steht, wie schon vorher, erneut auf der Matte.
Die ganze Nacht steht im Bette er dort.

Der Arzt aus dem Krankenhaus kommt schnell herüber.
Dem Kranken, dem macht er das folgende klar:
Du kannst ja nur deshalb nicht liegen, mein Lieber —
dein Kopf ist zu leicht, das ist die Gefahr.

Ein Mädchen kommt die Treppe herunter, prellt immer wieder
einen Ball gegen den Boden und trägt das Gedicht »Der Ball«*
von Samuil Marschak vor.

Spring, mein Ball,
steig und fall
einmal, zweimal,
zwanzigmal,
bunt gestreift
in Blau und Gold.
Doch wohin
bist du gerollt?

Hab dich
auf und ab
geschlagen,
aber,
ohne mich zu fragen,
sprangst du
plötzlich
fort von mir

* Aus: Wunder aller Wunder. Verlag Progress, Moskau 1976. Nachdichtung:
Sepp Österreicher.

Der Ball rollt hinter die Kulissen.

> durch die offne
> Gartentür
> auf die Straße
> schnurgerad,

Die Kinder drängen sich aneinander und verfolgen besorgt, was hinter den Kulissen mit dem Ball geschieht.

> und da kamst du
> unters Rad,
> bist geplatzt
> mit lautem Knall —
> lebe wohl,
> mein schöner Ball.

Die Kinder sind betrübt. Ein Kind holt den geplatzten Ball aus den Kulissen heraus, alle umringen es.
Plötzlich kommt hinter den Kulissen ein Junge mit einem großen Brummkreisel hervor und sagt das Gedicht »Der Kreisel« von N. Sakonskaja auf:

> Kreisel mein, auf dünnem Füßchen,
> mit dem dicken Kopf aus Holz,

Er tritt an den Tisch und beginnt den Kreisel zu drehen. Die Kinder scharen sich um ihn.

> dreh' ich ihn auch nur ein bißchen,
> wird er munter, tanzt voll Stolz,
> und er kann dabei auch summen,

Alle setzen sich hin und hören zu.

> wie ein Flugzeug kann er brummen.
> Er kann eilen ohne Murren,
> wie ein Käfer kann er surren.
> Kreisel lief im Kreis herum,
> fiel dann auf die Seite um,
> legt' sich nieder
> und ist stumm.

Alle sind traurig und sehen den erstarrten Kreisel an. Plötzlich läuft ein Mädchen herbei. Vergnügt und froh springt sie im Laufen über ein Springseil. Sie bleibt stehen und sagt die ersten Strophen des Gedichts »Das Springseil«* von Agnia Barto auf:

Frühling in den Straßen Moskaus;
lebensfroher Klang.
Das Geläut der Straßenbahnen
gleicht dem Vogelsang.

Die vom frühen Lärm erfüllte
Stadt steht grün im Laub.
Auf den zarten Blättern liegt noch
keine Spur von Staub.

Krähen krächzen,
Autos brausen
den Asphalt entlang.
Frühling, Frühling in den Straßen;
lebensfroher Klang.

Bitte sehr, hier ist kein Durchgang.
Halt, nicht weitergehn!
Laut im Chor die Mädchen zählen:
Eins, zwei, drei — bis zehn.

Kinder sind's aus unsrem Hause,
springen spät und früh.
Meister, Champions von morgen —
scheuen keine Müh.

Mädchen mit Springseilen kommen von verschiedenen Seiten herbeigelaufen; einige laufen nach vorn, andere treten zurück oder entfernen sich ganz von der Bühne.

Auf dem Hof und auf der Straße,
Parkplatz oder Brücke.
Auf dem Bürgersteig natürlich
und in jeder Lücke.

* Aus: Laternchen. O.O., o. J. Nachdichtung: Michail Schaiber.

Ein Mädchen macht einen Sprung nach vorn.

Laufend oder auf der Stelle
hüpfend, einfallsreich.
Linkes, rechtes Bein und jetzt auch
mit dem Paar zugleich.

Von einer Seite kommen Kinder auf die Bühne, sie halten
Flugzeug- und Schiffsmodelle in den Händen. Ein älterer Junge
wendet sich an sie mit den Versen »Den Kindern aus unserem
Hof« von Samuil Marschak:

Bald schon seid ihr alle groß,
ihr Kinder, froh und frei.
Und was gestern Spiel war bloß,
ist morgen schon vorbei.

Wessen Flugzeug heute noch
fliegt um die Tapeten,
führt dann in den Himmel hoch
kosmische Raketen.

Wessen Schiffchen heute ziehn
nur durch Straßenpfützen,
dessen Eisbrecher wird kühn
Schiffe am Pol beschützen.

Wer im Hofe baute einst
Brücken über Gräben,
dessen Brücken werden sich
über Ströme erheben.

Wer aus Sperrholz für den Star
baute Vogelkästen,
der entwirft, schon bald sogar,
Pläne von Palästen.

Bald schon seid ihr alle groß,
ihr Kinder, froh und frei,
Und was gestern Spiel war bloß,
ist morgen schon vorbei.